32046

EXAMEN.

IMPRIMÉ CHEZ PAUL RENOUARD, RUE GARANCIÈRE, N. 5.

EXAMEN HISTORIQUE

DU

TABLEAU DE GÉRARD,

REPRÉSENTANT

L'ENTRÉE DE HENRI IV A PARIS,

AVEC DES RECHERCHES

SUR CET ÉVÈNEMENT MÉMORABLE;

LU A LA SOCIÉTÉ ROYALE DES ANTIQUAIRES DE FRANCE, LE 19 AOUT 1839,

PAR M. BERRIAT SAINT-PRIX.

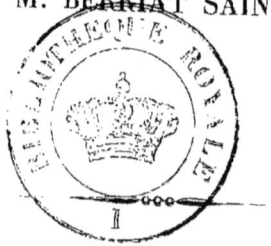

PARIS,

CHEZ P.-J. LANGLOIS, LIBRAIRE,

RUE DES GRÉS-SORBONNE, 10.

1839.

EXAMEN HISTORIQUE
DU
TABLEAU DE L'ENTRÉE DE HENRI IV A PARIS,
LU A LA SOCIÉTÉ ROYALE DES ANTIQUAIRES.

MESSIEURS,

Vous nous chargeâtes, en 1828, de vous rendre compte d'un opuscule relatif au sacre de Henri IV, à Chartres. L'auteur, par occasion, faisait dans une note, un récit assez détaillé de l'entrée de ce monarque à Paris. Ce récit n'était autre chose qu'une espèce de description du célèbre tableau de Gérard. Nous en fîmes la remarque, en ajoutant que ce chef-d'œuvre de l'école française moderne, du moins dans l'opinion de plusieurs personnes (1), n'aurait pas dû être consulté comme document historique. L'illustre artiste avait, en effet, observions-nous, usé largement de la maxime:

. . . . Pictoribus atque poetis
Quid libet audendi semper fuit æqua potestas;

du moins, si l'on s'en rapportait, ainsi que cela est

---

(1) Castellan (*voyez ci-après, note* 4) la rapporte, mais sans l'adopter à cause de la difficulté extrême d'assigner des rangs particuliers à des ouvrages placés tous en première ligne. « Comment, dit-il, établir des parallèles entre divers « chefs-d'œuvre? Que de distinctions à saisir? Que de nuan- « ces à démêler?... N'assignons pas nous-mêmes, ajoute- « t-il, des bornes à nos richesses. »

assez naturel, à l'espèce de procès-verbal officiel de la même entrée de Henri IV, dressé par la municipalité de Paris, dont nous avions pris connaissance plusieurs années avant l'opuscule envoyé à la Société, et dont nous eûmes l'honneur de vous communiquer quelques passages, en faisant notre rapport (voy. ci-après, note 65).

L'immortel Gérard fut informé de nos remarques. Modeste autant qu'habile, il nous fit demander un rendez-vous. Il avait, dit-il, pour l'ordonnance principale de son tableau, consulté divers documens du temps, qu'on lui avait fournis, en lui indiquant son sujet; et, toutefois, il était bien aise de voir en quoi ces documens étaient contredits par le procès-verbal dont nous avions parlé.

Pour répondre aux desirs du grand artiste, nous avions besoin, lui fîmes-nous dire, d'examiner nous-même les documens sur lesquels il s'était fondé, ajoutant qu'alors nous nous empresserions de lui porter une copie du procès-verbal, dont il paraissait préoccupé. Dans la réalité, nous étions bien aise d'avoir une occasion d'examiner son atelier, espérant d'y trouver quelques-uns des tableaux qu'un changement de régime avait fait écarter des établissemens publics. (2)

(2) Par exemple, la bataille d'Austerlitz, les quatre figures allégoriques et colossales qui devaient l'accompagner (voir *Biographie Rabbe, Boisjolin*, etc., ij, 1838).

Par malheur, différentes occupations ne nous permirent pas alors de nous livrer au travail sur lequel nous nous excusions. Un assez long intervalle de temps s'écoula, et Gérard ne nous ayant point fait rappeler notre promesse, nous craignîmes qu'il n'y attachât plus le même intérêt, et dès-lors nous ne nous empressâmes plus de la réaliser. Sa mort prématurée (3) nous a fait vivement regretter cette espèce de négligence; toutefois, nos regrets ont été un peu tempérés par la considération qu'il aura pu nous croire dans l'erreur, et conserver jusqu'à la fin de ses jours la pensée consolante que son chef-d'œuvre ne prêtait pas même prise à la critique de l'historien.

Une nouvelle occasion de faire le travail dont nous parlons vient de se présenter : nous l'avons saisie, et nous allons vous soumettre le résultat de nos recherches.

Il faut d'abord rappeler le sujet du tableau et ses parties accessoires les plus importantes. Il est inutile de dire que, quelque fautif qu'on puisse le considérer sous le rapport de la vérité historique, on ne devra pas moins le regarder comme un des ouvrages qui font le plus d'honneur à la peinture.

(3) François-Pascal-Simon Gérard, né à Rome le 11 mars 1770, d'un Français, vint à Paris à l'âge de douze ans; il fut nommé à l'Académie des Beaux-Arts le 7 mars 1812; il est mort le 11 janvier 1837.

A l'égard du sujet principal, le livret de 1817, année où le tableau fut exposé, se borne à l'indiquer (page 42) dans ces termes laconiques : « L'entrée de Henri IV dans la ville de Paris, en 1594 ». Mais une notice détaillée, rédigée par un des hommes qui passaient pour avoir les connaissances les plus étendues dans la théorie des beaux-arts, Castellan, peintre et membre de l'Institut (4), et insérée dans le Moniteur du 19 juillet de la même année, supplée amplement à ce laconisme, d'autant plus que, selon toute apparence, Castellan avait consulté Gérard lui-même, sur les parties du tableau qui avaient besoin de quelque explication. Voici les points essentiels de cette analyse :

« C'est par la porte Neuve, située sur le quai du Louvre, en-deçà du château des Tuileries, dans la direction de la rue Saint-Nicaise, que le roi vient d'entrer dans sa bonne ville; il a dépassé le bâtiment appelé sous le règne suivant pavillon de l'*Infante*, et se trouve placé entre la porte méridionale du Louvre, qui est à gauche, et la partie de la rivière où est aujourd'hui le pont des Arts...... Quelques lansquenets, qui, malgré le vœu devenu général, ont voulu disputer le passage, ont été culbutés par le maréchal de Matignon. Les poutres dont ils avaient

---

(4) Antoine-Laurent Castellan, né à Montpellier le 1er février 1772; nommé à l'Académie des Beaux-Arts le 6 avril 1816; mort le 2 avril 1838.

formé des barricades, et les débris de leurs armures sont gisans sur le devant du terrain. Du côté du Louvre, se présentent les échevins, ayant à leur tête Jean Lhuillier, prévôt des marchands; ils offrent au roi les clefs de la ville. De l'autre côté, le maréchal de Brissac, un moment républicain, nommé gouverneur de Paris par Mayenne, aujourd'hui loyal royaliste (5), et qui vient de recevoir son prince au dehors de la porte, s'arrête pour joindre de nouveau son hommage à celui des représentans de la cité. Henri accueille les échevins avec la simplicité noble qui formait son caractère....

« Fier d'avoir forcé les derniers obstacles, le bouillant maréchal de Matignon tient encore en main l'épée qui a ouvert le passage à son roi, mais seul il déploie le fer dans ce moment d'allégresse. A côté de lui, D'Epinay, sieur de Saint-Luc, qui, employé auprès du roi par Brissac, comme parlementaire (6), a connu les inépuisables trésors de la

(5) Charles de Cossé, comte, et, dans la suite, duc de Brissac, n'était Maréchal de France que depuis quelques minutes, en admettant que, comme le dit Castellan, il vînt de recevoir le roi hors de la porte, car c'est dans ce moment que Henri lui conféra cette dignité en récompense de sa *loyale* soumission (*v. ci-apr.* note 40)... Sébastien Rouillard, auteur du XVIIe siècle, faisait descendre les Cossé, de l'empereur Coccéius Nerva; tout comme, avant lui, Robert Gaguin (*Annales rer. Gallic.*, 1522, f. ij) donnait pour premier père aux Français, *Francus* ou Francion, de la famille de Priam.

(6) Erreur grossière... *Voyez* ci-apr. p. 49, note A.

bonté du prince, rencontrant un ligueur farouche et haineux, lui montre dans les nobles traits du roi le gage de la félicité publique. Sully, Crillon, Biron, Montmorency, le maréchal de Retz entourent la personne de Henri IV. Un peuple immense bénit par ses acclamations le jour qui lui restitue l'héritier du trône, le prince qui lui ramène la paix. Un vieillard, sur les premiers rangs, levant les yeux et les bras vers le ciel, se félicite d'avoir assez vécu pour revoir dans Paris le descendant de saint Louis. Trois guerriers, le père et ses deux fils, qui marchent en se tenant embrassés, semblent s'enorgueillir du bonheur public, auquel ils viennent de contribuer par leur courage. Les trompettes militaires, en sonnant à la tête du cortège, le dirigent vers le Louvre, dont le roi va prendre possession... »

Plus loin, après quelques observations sur le coloris du tableau, Castellan ajoute :

« Nous entrons dans ces détails par la raison qu'on a reproché à l'auteur d'avoir adopté un ton trop sombre, un ton d'intérieur plutôt que de plein air, tandis qu'une marche triomphale exigeait, dit-on, des teintes gaies et éclatantes. Nous nous hâtons de répondre non-seulement que la scène a lieu le 22 mars, mais encore qu'elle se passe à cinq heures du matin, une heure avant le lever du soleil, et que, par conséquent, les tons graves étaient en général les plus convenables au sujet. Une harmonie parfaite, un admirable *ressort* complètent en ceci le mérite de l'ensemble.

« Un grand nombre de figures sont des portraits. Les têtes de Lhuillier et des échevins offrent des chefs-d'œuvre d'une rare beauté et forment une des parties les plus remarquables du tableau. »

Suivent des détails sur d'autres portraits, sur le manque d'air imputé à quelques groupes, etc., après quoi Castellan dit :

« On remarquera peut-être que nous ne parlons point de l'épisode de Gabrielle et de Bellegarde. Nous laissons les partisans sévères des mœurs, et les amis indulgens de Henri, la blâmer ou la défendre. Il semble toutefois aujourd'hui, que, lorsqu'on célèbre Henri IV, il faille aussi célébrer Gabrielle. L'histoire ne sépare plus ces deux noms... »

Castellan termine par un jugement sur le tableau. (7)

Voilà le sujet et les épisodes les plus remarquables de ce tableau. Voyons s'ils s'accordent avec la vérité historique. Nous reconnaîtrons bientôt que presque tous lui sont entièrement opposés ; et répétons auparavant que, malgré ce défaut, l'ouvrage de Gérard n'est pas moins, dans notre opinion, un chef-d'œuvre qui seul suffirait pour immortaliser son auteur. Ce n'est donc point, et bien loin de là, dans

(7) Nous en avons rapporté (p. 1, note 1) une partie, nous reviendrons sur l'autre, à la fin de notre Examen.

le dessein de le déprécier que nous nous sommes livré aux recherches dont nous allons vous entretenir. Nous avions un autre but : nous voulions d'abord empêcher qu'il n'induisît en erreur les écrivains qui auraient à retracer cet évènement si mémorable, surtout à cause de son influence sur la destinée de Henri IV et celle de la France... On a vu que cela est déjà arrivé (8): et, comme le démontre un des savans les plus distingués de nos jours, M. Letronne, il y a une foule d'exemples de faits souvent fabuleux, dont l'existence a été admise à cause des monumens par lesquels ils étaient retracés. (9)

D'un autre côté, comme il y a fort peu d'accord dans les divers récits du même évènement, il était fort utile de les examiner à l'aide du flambeau de la critique, pour se fixer sur les points des mêmes récits à l'égard desquels on pouvait leur accorder de la confiance.

Nous ferons porter cet examen sur le lieu, le temps, les faits principaux et les faits accessoires qu'est supposé retracer le tableau.

1. *Le lieu...* Ici nous trouvons un accord géné-

(8) Opuscule sur Chartres, cité ci-dessus, page 1.
Ce n'est pas d'ailleurs le seul ouvrage moderne où l'on trouve des erreurs de même genre sur l'Entrée : on peut encore citer les Histoires de France : 1° de M. D., t. 4 (1820), p. 106 et 107... 2° de M. S., t. 21 (1836), p. 263... (nous en indiquons d'autres ci-après, note O).

(9) *Journal des Savans*, 1839, p. 157.

ral assez remarquable; tous les documens nous indiquent (10) la Porte-Neuve de Paris, et presque tous fixent l'emplacement de cette porte auprès de l'extrémité sud de la rue Saint-Nicaise, qui alors aboutissait jusques au quai de la rive gauche de la Seine, un peu au-dessous de l'endroit où sont actuellement le pont du Carrousel et le campanile de la galerie conduisant du Louvre aux Tuileries (11), galerie qui n'allait pas encore jusqu'à ce point. (12).

Dans une dissertation savante, Jaillot, suivi sur

(10) Anonyme, auteur du récit de l'Entrée, ou mss. Béthune, n° 8778, f. 129; Cayet, Chronologie novennaire, 1608, iij, 337; De Thou, lib. 109, édit. 1620, t. 5, p. 429; Abrégé du procès de Jehan Chastel, mss. Béthune, n° 9033, f. 6; Registre mss. de l'Hôtel-de-Ville de Paris, t. 14, f. 1 (c'est le procès-verbal déjà cité); Discours de ce qui s'est passé en la réduction, etc., Lyon, Pierre Michel (nous le citerons sous ce nom), 1594, p. 8 et 9; Premier annotateur de Jean Leclerc (cité ci-après, note 22); Lettre écrite le jour de l'Entrée par Henri IV au duc de Nevers (elle a été publiée mais avec des variantes ou omissions (*voy.* ci-apr. notes 40 et F, n. 3), d'après le tome 16 des mss. de Mesmes, par M. Capefigue, dans sa savante *Histoire de la Réforme, de la Ligue et du règne de Henri IV*, 1835, tome 7, p. 195-199); L'Etoile, Mémoires (ils sont indiqués ci-après, note E), p. 217 : Sully, Economies royales, 1725, t. 2, p. 160; etc.

(11) Jaillot, *Recherches sur Paris*, 1775, tom. 1, Quart. du Palais-Royal, p. 12 et suiv.; Dulaure, 1re édition, iij, 476.

(12) Selon Jaillot (ibid., p. 11), elle fut seulement commencée en 1600... Selon Dulaure (iij, 456 à 458), c'est sous Charles IX, mais les travaux avaient été interrompus, et il n'en restait peut-être que des ruines en 1600.

ce point par Dulaure, soutient qu'il ne faut pas, comme quelques auteurs, confondre la Porte-Neuve avec la porte de la Conférence (13); celle-ci, selon Jaillot, était beaucoup plus à l'ouest, car on l'avait édifiée entre la Seine et le bastion dont était couverte l'aile méridionale des Tuileries, se terminant alors au deuxième corps-de-logis à gauche du pavillon de l'horloge.

Jaillot et Dulaure, selon toute apparence, n'ont point consulté la relation contenue dans l'Abrégé du procès de Châtel; elle aurait épargné au moins au premier, ses longues recherches, car il y est dit en termes exprès (*d. mss.* 9033, *f.* 6); « la Porte-Neuve, appelée depuis porte de la Conférence. »

Cette relation, il est vrai, est très fautive sur divers points: nous le montrerons bientôt nous-même; mais, outre qu'il est bien difficile qu'un écrivain contemporain pût se tromper sur un semblable fait, Jaillot et Dulaure auraient dû réfléchir que, si la porte de la Conférence eût été distincte de la Porte-Neuve et en même temps située plus à l'ouest, tous les documens du temps et, entre autres, le procès-verbal officiel de l'Hôtel-de-Ville, dont nous avons parlé, au lieu d'énoncer que Henri IV était entré par la Porte-Neuve, auraient dit qu'il était entré par la porte de la Conférence, puisqu'il aurait été

---

(13) Jaillot, mêmes p. 12 et suiv.; Dulaure, iij, 219, et surtout, 404, et iv, 184.

impossible d'arriver à celle-là sans avoir passé par celle-ci. (14)

Cette discussion peut paraître minutieuse : elle n'est pas, toutefois, sans importance. Deux portes auraient offert plus d'obstacles à l'Entrée qu'une seule porte, et en admettant, comme cela est de toute évidence, une seule porte placée, nous l'avons dit (p. 9), un peu au-dessous du pont actuel du Carrousel, les troupes de Henri IV, obligées pour y arriver, de parcourir l'espace existant entre l'extrémité sud-ouest du bastion des Tuileries et cette même porte, étaient fort exposées à être découvertes par les habitans du château ou par les gardes du bastion ; ce qui montre, ou la sécurité incroyable des ligueurs et des Espagnols (15), ou un redoublement de soins de la part des partisans de Henri IV, pour en écarter ses ennemis.

Quoi qu'il en soit, Gérard a placé sa scène, non en dehors de la Porte-Neuve, comme semble l'annoncer le livret de 1817 (ci-dessus, p. 4), mais en dedans de la ville et assez loin de la porte, c'est-à-dire dans le lieu à-peu-près où se trouvent d'un côté le pont des Arts, et de l'autre la façade méridionale du Louvre. Mais, disons le vite avec Castel-

---

(14) Elle était supposée en effet occuper tout l'espace qui existait entre la Seine et le rempart ou bastion des Tuileries, c'est-à-dire le quai actuel dans toute sa largeur.

(15) Ceux-ci ont essayé de se justifier. *Voy.* p. 50, note B.

lan (*Moniteur*, sup., p. 192), il n'a rien fait en cela qui ne fût permis à un artiste.

2. Pourrait-on faire la même observation à l'égard du *moment* où la scène se passe?... Selon le même auteur, on avait eu tort de reprocher à Gérard d'avoir préféré aux teintes gaies et éclatantes, convenables à une marche triomphale, des tons sombres, des tons d'intérieur, parce que, selon lui, on l'a vu (p. 6), la scène a lieu le 22 mars, « à cinq heures du matin, une heure avant le lever du soleil, moment où les tons graves étaient les plus convenables au sujet.... »

Si Castellan eût connu les faits tels qu'ils se sont passés, il aurait ajouté (il est vrai que c'eût été une critique au lieu d'un éloge) que les tons jugés trop sombres étaient au contraire beaucoup trop éclatans.

Ici se présente naturellement l'occasion de rechercher ces faits et surtout le moment précis de l'Entrée; et cette recherche est encore plus utile que celle du jour, à cause de la discordance qu'offrent la plupart des documens.

L'historien du procès de Jean Châtel fixe le moment de l'Entrée à onze heures du soir (16); l'abbé Lenglet Dufresnois, d'après un manuscrit du commencement du dix-septième siècle, à trois heures

---

(16) Mss. 9033, f. 6. — Momens indiqués par Petitot (minuit) et M. C. (deux heures du matin), *voy*. p. 52, note C.

du matin (17); Pierre Michel, à trois ou quatre heures du matin (18); Jacques de Caillère, qui dit avoir écrit d'après des lettres, à deux heures avant le jour (19); l'anonyme, auteur du récit de l'expédition, et le président De Thou, à environ quatre heures du matin (20); Pierre-Victor Cayet (*iij*, 336), un peu après quatre heures du matin; le maréchal de Retz, chef du corps de réserve de l'expédition, une heure avant le jour (21); Henri IV lui-même (*lettre citée*, p. 9, *note* 10), au point du jour; les annotateurs de Jean Leclerc, l'un, à la première heure du jour, l'autre, vers l'aurore, *circa auroram* (22); Sully et le procès-verbal de l'Hôtel-de-

(17) *Mémoires de Condé*, t.6, ou suppl., part. 3, p. 153.
(18) Pag. 14 et 15 du Discours cité note 10, pag. 9.
(19) *Histoire du Maréchal de Matignon*, 1661, p. 361. — *N. B.* Le nom de cet auteur ne s'écrit point Caillière, comme on le voit dans les biographies (Moréri, Goigous, etc.)
(20) Environ sur les quatre heures du matin, dit le premier (mss. Béthune, n° 8778, déjà cité, f. 129)... *Sub horam quartam*, dit De Thou (passage indiqué, même note 10).
(21) Lettre du 22 mars 1594, au duc de Nevers, mss. de Mesmes, tome 16, à sa date (elle est signée *de Gondy D. de Raiz*).
(22) *Les Annotateurs...* Nous désignons par là les auteurs des récits joints à l'une des trois estampes de Jean Leclerc, représentant l'entrée de Henri, sa marche à Notre-Dame et la sortie des Espagnols; récits faits, l'un en 1598 et l'autre en 1606. *Voyez* pour ces dates et des détails, soit sur ces estampes, soit sur le tableau dont on a prétendu que la première est une reproduction, ci-apr. p. 53, note D.

Ville, déjà cités (p. 9, note 10) et suivis par Dulaure (iij, 405), à environ cinq heures du matin. (23)

Ce simple exposé semble, au premier abord, justifier Gérard ; il a été assurément libre, dira-t-on, de choisir entre les divers momens indiqués par ces documens d'auteurs ou de personnages contemporains, et son choix mérite même des éloges, puisqu'il est fondé sur un acte en quelque sorte officiel, le procès-verbal de l'Hôtel-de-Ville.

Il n'y aurait sans doute rien à répondre à cette remarque, si les faits retracés par le tableau avaient pu se passer au moment choisi par l'illustre auteur ; et, par malheur, ils sont démentis, on le verra, par presque tous les documens et même par le procès-verbal dont l'époque a été adoptée par Gérard.

Mais, avant de passer à ces faits, nous devons examiner à quelle heure eut réellement lieu cette entrée mémorable.

Commençons par écarter celles qu'indiquent l'historien du procès de Châtel, l'abbé Lenglet et Caillère, c'est-à-dire onze heures du soir, trois heures du matin, deux heures avant le jour.

A l'égard de l'historien, d'une part, il a écrit long-temps après l'évènement, puisqu'il cite ou rapporte un plaidoyer prononcé et des arrêts ren-

---

(23) A l'égard de l'indication de L'Etoile, ou de sept heures du matin, *voyez* ce que nous observons aussi, note E.

dus à la fin de décembre 1611 (*d. mss.* 9033, *f.* 69, 156 *et* 173); et, de l'autre, il mérite fort peu de confiance. Son récit en effet, indépendamment de plusieurs absurdités, est dans beaucoup de points en contradiction avec tous les autres documens: par exemple (f. 2 et 3), il suppose que ce fut pendant le siège de Paris et lorsque la ville était en proie aux horreurs de la famine, qu'on se décida à traiter avec Henri IV, tandis qu'au contraire le siège avait été levé plus de quatre années auparavant (24), et que, dans cet intervalle, on avait eu une trêve qui venait à peine d'expirer (25), et pendant laquelle on avait dû se pourvoir de vivres... Il suppose encore que le prévôt des marchands et les échevins assistèrent au conseil où le roi se détermina à se faire catholique, tandis que, au contraire, les fonctionnaires ou officiers royalistes prenaient toutes les précautions imaginables pour que le parti des ligueurs ne soupçonnât point qu'ils eussent quelques relations avec Henri (26). Enfin, il suppose égale-

---

(24) En septembre 1590. *De Thou*, lib. 99, t. 5, p. 83 à 85.

(25) Elle avait été arrêtée le 23 juillet et publiée le 1er août 1593, pour trois mois, et ensuite prorogée jusques en janvier 1594. Des tentatives d'une seconde prorogation, avaient, il est vrai, échoué, mais dans le fait, depuis janvier jusques à mars, il n'y eut pas même de blocus. *Voy. De Thou*, lib. 107 et 108, t. 5, p. 374, 376, 387 et 403 à 411; *Cayet*, iij, 293 et suiv.; *Dulaure*, iij, 391 et viij, 271, conf.

(26) On en verra un exemple, après notre Examen, p. 49.

ment que Henri ne se détermina à se faire catholique, à acquérir, suivant l'expression de l'auteur, un royaume au moyen d'une messe, qu'au moment presque de son entrée à Paris, tandis qu'il y avait déjà huit mois que Henri avait fait son abjuration. (27)

D'après ces remarques, auxquelles on pourrait en ajouter bien d'autres, nous sommes surpris que le judicieux Dulaure, ce savant dont la Société s'honore avec tant de raison, ait paru (*iij*, 506, *vij*, 575) accorder quelque confiance à une assertion absurde du même auteur : savoir, que Henri, craignant une agression des ligueurs, entra et ressortit en même temps jusqu'à trois fois par la Porte-Neuve, et ne se détermina à entrer définitivement que lorsque les

---

note A. — Ajoutons qu'ils étaient fortement intéressés au mystère. D'un côté, Mayenne avant de quitter Paris (le 6 mars) avait invité à punir de mort ceux qu'on soupçonnerait de tramer des complots; de l'autre, les Seize avaient repris les armes peu de jours après, et ils menaçaient de massacrer leurs ennemis.... *De Thou*, t. 5, p. 426 et 428; *Cayet*, iij, f. 334. — Brissac lui-même courut de grands dangers dans la soirée qui précéda l'Entrée. Les chefs des Espagnols le forcèrent de faire une visite de postes avec plusieurs soldats qui avaient ordre de le tuer s'ils s'apercevaient qu'il eût pris quelques mesures suspectes. *Cayet, ibid.*, f. 356. — *Voir* aussi pour les mouvemens et les menaces des Seize, aux 6, 10, 11, 12 et 13 mars, *L'Etoile*, p. 209 à 212.

(27) Le 25 juillet 1595. *De Thou*, lib. 107, ad ann. 1593, t. 5, p. 373 à 375; *Cayet,* iij, 222.

Echevins lui eurent assuré qu'il n'y avait aucun risque à courir. (28)

A l'égard de Caillère, écrivain du dix-septième siècle, il suffit, pour ne pas s'arrêter à son indication de deux heures avant le jour, d'observer que les deux pièces uniques produites à l'appui du chapitre (22, liv. 3, p. 319), où il raconte l'Entrée, sont un discours et une lettre qui y sont tout-à-fait étrangers.

Quant à Lenglet Dufresnois, écrivain encore postérieur à Caillère, lorsque on examine la source où il a puisé son indication de l'époque de l'entrée, c'est-à-dire trois heures du matin, on reconnaît bientôt qu'elle n'existe que dans son imagination. Il substitue en effet les mots *trois heures du matin*, aux mots *onze heures du soir* qui sont dans le manuscrit par lui publié, et ce n'est pas la seule modi-

---

(28) F. 6 du mss. Béthune, n° 9033, cité p. 9, note 10.

Cette assertion est en effet absurde, puisque, on le verra plus loin (p. 21 et 22), Henri avait été précédé de plusieurs corps de troupes, qu'il en commandait un, et qu'après celui-ci en venait un autre. Il était donc tellement protégé qu'il ne pouvait avoir l'hésitation ridicule que lui attribue l'auteur; d'autant plus qu'il devait déjà savoir que les corps les premiers entrés, n'avaient à-peu-près éprouvé aucun obstacle. La chose se concevrait s'il eût été seul ou bien à-peu-près seul au moment de l'Entrée, ou bien s'il eût été à la tête du premier corps (*voy.* d'ailleurs ci-apr. note E, n. 2).

N. B. M. Henry Martin (Hist. de France, tome 12, publié en 1855, p. 307) semble avoir la même confiance que Dulaure.

fication qu'il se soit permise (29) : ce qui, pour le dire en passant, peut excuser Dulaure de lui avoir accordé de la confiance, puisqu'il lui était impossible de présumer qu'on osât commettre de semblables altérations. (30)

Si sa timidité naturelle, augmentée d'ailleurs à cause des circonstances où il était placé lorsqu'il travaillait à sa piquante et savante histoire, n'eût pas empêché Dulaure de se présenter dans plusieurs dépôts publics (31), il serait moins excusable d'avoir omis de consulter l'auteur anonyme déjà cité (p. 9), du récit de l'expédition. En le comparant comme nous

---

(29) Texte du manuscrit (f. 6, recto, du n° 9033, cité ci-devant, p. 9, note 10) : « Les Prévot des marchands et Echevins *allèrent prier* le Roy de venir dans Paris où ils le *conduisirent* la nuit pendant que *chacun étoit endormy*. Il y entra environ *unze heures du soir* avec son armée par la Porte Neuve auprès du Louvre, appelée depuis porte de la Conférence. »

Texte de Lenglet (Mém. de Condé, t. VI, part. 3, p. 151) : « Les Prévôt des marchands et Echevins *firent donc prier* le le Roi de venir dans Paris, où ils *l'introduisirent* la nuit pendant que *tout était tranquille, et* y entra *vers trois heures du matin* par la Porte-Neuve auprès du Louvre, appelée... »

(30) On en voit plusieurs dans la note précédente ; on en verra une autre ci-après, note 86, p. 46.

(31) Ainsi, avant la révolution de Juillet, il n'avait pas osé aller aux Archives du Royaume pour y examiner les registres de l'Hôtel-de-Ville (nous l'avons entendu plus d'une fois en exprimer son regret), et depuis, son âge et ses infirmités ne le lui avaient pas permis (*voy*. ci-apr. note N, n. 8).

l'avons fait, au meilleur historien français, le président De Thou, auteur consciencieux et contemporain, il aurait vu que de tous les narrateurs, c'était celui qui méritait le mieux d'être suivi, puisque le président De Thou, à portée par sa position, de vérifier peu de temps après (32), les inexactitudes de l'anonyme, n'avait pas hésité à le copier d'un bout à l'autre, en se bornant à quelques changemens de rédaction (33), et que d'ailleurs aucun des

(32) De Thou était à Tours avec une partie du Parlement de Paris à l'époque de la réduction, mais il y vint avec cette même partie, dès le 14 avril (*Id.*, lib. 109, an 1594, tom. 5, p. 433; *L'Etoile*, p. 231; *Cayet*, iij, 349)... Comme il recherchait depuis plus de quinze ans, soit dans les actes officiels, soit dans les ouvrages imprimés, fût-ce des pamphlets, soit dans des correspondances, soit dans des entretiens avec des gens en place, des documens pour écrire son Histoire, dont il avait déjà composé les premiers livres (*Id.*, de *vita sua*, lib. 3, an 1585; lib. 4, an 1589; lib. 5, an 1593; édit. in-fol., p. 41, 56 et 81), on doit penser qu'il chercha aussi des renseignemens positifs sur un fait aussi important que celui de l'Entrée, d'autant plus qu'environ un mois auparavant, il avait été un des commissaires chargés par Henri de traiter en secret (à Chartres) de la réduction avec des agens de Brissac (*De Thou*, lib. 109, in pr., p. 425.)

(33) Il y a aussi ajouté les prénoms et qualités de plusieurs personnages désignés seulement par leurs noms dans le manuscrit... Par exemple, il dit (p. 429) 1° *Nicolai Harlœii Sancii* (Nicolas de Harlay de Sancy) au lieu de « monsieur de Sancy »... 2° *Carolus Humerius* (Charles d'Humières) et *Franciscus Avertonius Belinius* (François d'Averton de Belin), au lieu de « messieurs de Belin et d'Humières »... 3° *Fran-*

points du récit de l'anonyme, même quant au moment de l'Entrée, n'est en contradiction avec le procès-verbal de l'Hôtel-de-Ville, ni avec le témoignage de cinq contemporains, Cayet (*iij*, 335), les deux annotateurs de Jean Leclerc, Henri IV et le maréchal de Retz (34), et qu'enfin il offre tous les caractères de la vraisemblance.

Examinons donc, mais avec rapidité et sauf à nous arrêter pour quelques remarques, le récit de l'auteur anonyme.

Le lundi soir vingt-un mars, le Roi informé qu'il fallait s'occuper des derniers préparatifs de l'entreprise, se rendit de Senlis où il s'était retiré pour détourner les soupçons, à Saint-Denis, dont les vallées voisines, comme Montmorency et Dammartin, étaient déjà occupées par ses troupes, et également pour détourner les soupçons, on avait fait *courre* le bruit que son dessein était d'empêcher les

---

ciscus Guntaldus Bironus Salignacus (François de Gontaud de Biron de Salignac), au lieu de « monsieur de Salignac. »

(34) En effet, les expressions vagues, *une heure avant le jour, au point du jour, à la première heure du jour,* et *vers l'aurore,* dont les quatre derniers se servent (ci-dev., p. 13) peuvent désigner un moment quelconque entre quatre et cinq heures du matin, puisqu'il s'agit du vingt-deux mars.

D'ailleurs Leclerc avait quelque intérêt à rapprocher un peu le temps de la scène pour n'être pas obligé de la représenter pendant une obscurité profonde, exécution beaucoup plus difficile pour lui (sa scène est légèrement éclairée). — *Voyez* aussi ce qu'on dit du crépuscule, ci-apr. note H.

troupes espagnoles postées dans le Beauvoisis, de passer l'Oise pour se rendre à Paris.

Les troupes françaises ou suisses destinées à l'entreprise, indépendamment des garnisons de Meaux, de Corbeil, etc., qui devaient descendre la Seine et s'introduire par l'Arsenac (l'Arsenal) furent divisées en six ou sept *Gros* ou corps dont le plus considérable ne paraît pas avoir été composé de plus de mille hommes (35), et qui durent, à l'exception de l'un d'entre eux dirigé sur la porte Saint-Denis, marcher à la suite les uns des autres pour se rendre aussitôt après leur entrée par la Porte-Neuve, aux divers points que chacun avait à occuper; savoir, l'un, par l'intérieur des remparts, c'est-à-dire aujourd'hui par une partie du Carrousel, à la porte Saint-Honoré placée alors entre l'extrémité septentrionale de la rue Saint-Nicaise et la rue du Rempart, un peu à l'ouest de la rue de Richelieu; un autre, par la rue Saint-Thomas-du-Louvre, à la croix du Tiroir ou Trahoir, ou au carrefour actuel des rues Saint-Honoré et de l'Arbre-Sec; un autre, un peu à l'ouest de l'église Saint-Thomas-du-Louvre; un autre, ou

---

(35) Cayet (iij, p. 335) évalue le nombre total des troupes à quatre à cinq mille hommes; les deux annotateurs de Leclerc, à environ quatre mille hommes; D'Ibarra, à trois mille six cents, outre l'artillerie, et Feria à trois mille huit cents, dont 1300 de cavalerie (p. 144 et 154 des Rapports cités ci-apr. note B, p. 50).

peut-être un détachement du précédent (36), au-devant de la porte du Louvre et du côté de Saint-Germain-l'Auxerrois ; un autre, au pont Saint-Michel et au Petit-Châtelet, c'est-à-dire au lieu où est actuellement la place du Petit-Pont; un autre accompagnait le Roi ; enfin un dernier corps qui suivait celui-ci et était commandé par le maréchal de Retz, servait selon toute apparence de corps de réserve. (37)

Les premiers Gros étaient attendus à la Porte-Neuve par Brissac, Gouverneur, et par Lhuillier, Prévôt des Marchands ; tout comme les Echevins Néret et Langlois devaient attendre, l'un, à la porte Saint-Honoré, et l'autre, à la porte Saint-Denis, les deux Gros destinés à l'occupation de ces positions.

Ici quelques remarques sont nécessaires.

Peu de jours auparavant, les mouvemens extérieurs des royalistes et le voyage du roi à Saint-Denis où il s'était arrêté avant de se rendre à Senlis, ayant inspiré des soupçons, on avait *bouché* ces

---

(36) Il s'agit ici du corps commandé par Bellegarde. Il n'était probablement qu'un détachement du corps commandé par le Maréchal de Matignon, et destiné à occuper le marché aux Moutons derrière l'église Saint-Thomas, mais dont la plus grande partie alla appuyer le corps placé dans la rue de l'Arbre-Sec (*voy.* ci-après note 58, p. 32).

(37) Voyez au sujet de cette singulière disposition des troupes, ci-apr. note F.

portes et plusieurs autres avec de la terre et des tonneaux d'osier; mais pendant cette nuit célèbre, Brissac, Lhuillier, Langlois et Néret avaient fait dégager celles-là, et les avaient fait garnir de Gardes-bourgeois à leur dévotion (38). Ils avaient aussi, on le pressent, déjà fait leur accord avec le roi, et cet accord n'était pas désintéressé comme on pourrait l'induire de cette réflexion de Castellan : « Brissac, dit-il (ci-dev. p. 5), un moment républicain, aujourd'hui loyal royaliste... » Ce royaliste *loyal* se fit donner seize cent quatre-vingt-quinze mille livres (39) ou au moins six à huit millions de notre siècle, outre la dignité éminente de Maréchal de France (40). On ne dit point si Lhuillier, Langlois et

---

(38) De Thou, p. 427 ; Proc.-verb. de l'Hôtel-de-Ville, déjà cité; L'Etoile, p. 210. — On verra (p. 50, note B, n. 3) que selon les Espagnols, ce *dégagement* avait eu lieu dès le matin, ce qui est tout-à-fait improbable.

(39) *Economies Royales* de Sully, édit. de 1663 (t. 4, p. 379, 380) citées par Dulaure (1re édit., iij , 403.. Il y indique la somme, en toutes lettres et en italiques, *voy.* ci-apr. note G.).

(40) Henri la lui avait conférée de vive voix au moment même de l'entrée (*Cayet*, f. 337). Pour ses droits à cette dignité, *voy.* ci-apr. même note G.

Les motifs déterminans de sa loyauté ne sont pas indiqués par le seul Sully : ils le sont encore, quoique avec moins de précision, par Henri IV (lettre déjà citée, p. 9, note 10) lui-même et par son secrétaire Revol. « Le comte de Brissac, dit « Henri, qui avait emporté le gouvernement sur le sieur de « Belin, *moyennant quelque récompense* s'est joinct aux mes-

Néret reçurent de l'argent, mais le premier fut fait Président à la Chámbre des Comptes et le deuxième Maître des Requêtes (41). Du reste, nous l'avons remarqué ailleurs, des honneurs, des emplois et des sommes plus ou moins considérables furent presque partout le prix de la soumission, de la loyauté des chefs de la Ligue. (42)

Lorsque les Gros se mirent en marche, la nuit était sombre et pluvieuse; l'anonyme, Pierre Michel et De Thou le reconnaissent (43). Cette circonstance retarda la marche et donna même beaucoup d'inquiétude, soit à Langlois posté à la porte

---

« mes considérations » (M. C., t. VII, p. 196, omet les mots qui sont en italique)... « Aussi, dit Revol (lettre du 23 mars « 1594, mss. de Mesmes, t. XVI), aussi en recueillera-t-il le « principal fruict en son particulier, demourant Mareschal « de France avec autres grands avantages. »

(41) Par édit enregistré le 30 mars au Parlement. — *Voyez* Procès de Châtel, c'est-à-dire mss. 9033, f. 20, v°. — *Voy.* aussi De Thou, p. 429; Sully, Econom. royal., 1725, t. IV, p. 60 (Langlois, dit-il, avait eu sa charge *gratis*).

(42) Mémoire sur le remboursement des rentes, lu à l'Académie des sciences morales et politiques, le 20 août 1836, in-8°, Paris, Langlois, 1837, p. 26.

(43) Mss. 8778 (f. 129) déjà cité; De Thou, p. 429 (*quod nox imbribus fæda ac nubilosa esset*); Pierre Michel, p. 15.

Un mot de Henri rapporté par L'Etoile (p. 218), le confirme aussi... « Comme il se mettait à table pour le souper, il dit « en riant qu'il sentait bien à ses pieds qui étaient moictes « (humides), qu'il s'était crotté en venant à Paris, mais pour « le moins qu'il n'avait pas perdu ses pas. »

Saint-Denis, soit à Brissac posté à la Porte-Neuve. Le premier sortit même un moment pour voir si personne ne paraissait. (44)

Enfin vers quatre heures du matin, le premier Gros commandé par Saint-Luc, arriva près de la Porte-Neuve, où l'on fit halte en attendant que l'on eût *recongneu*, et le capitaine chargé de ce soin; étant revenu sans avoir parlé à personne, Saint-Luc alla lui-même à la porte et parla au sergent-major de la ville. Alors le pont-levis fut abattu, et néanmoins Brissac vint ensuite « avec ung flambeau pour « veoir monsieur de Saint-Luc au visage », et aussitôt après (soudain) Saint-Luc fit entrer cent hommes pour les loger (poster) dans la ville et faire garder la porte (45), et ensuite marcha avec son Gros que suivirent les autres.

Ce simple récit extrait avec exactitude de l'auteur anonyme, suffit pour montrer qu'assurément on ne pouvait représenter la scène de l'Entrée comme s'étant passée avec une clarté suffisante, soit pour la cérémonie pompeuse de la présentation des clefs, soit pour que Saint-Luc exhortât un ligueur à reconnaître le roi, soit pour que Bellegarde levât sa

---

(44) Cayet, f. 336, v°. — Au sujet du service rendu par Langlois en cette occasion, L'Etoile (p. 222) dit : « la venue « du Roi fut si longue qu'elle cuida désespérer ses servi- « teurs. »

(45) Même mss. 8878., d. f. 129; De Thou, d. p. 429.

visière et adressât de tendres regards à Gabrielle D'Estrées, etc. Au reste, nous reviendrons sur ces divers points tout-à-l'heure.

Le procès-verbal de l'Hôtel-de-Ville parle, il est vrai, de cinq heures du matin, mais avec une restriction (elle est aussi dans Sully, 1725, *ij*, 160), qui peut faire supposer que c'était un peu auparavant (*sur* les cinq heures, y est-il dit).

Il est encore vrai que le roi n'entra qu'avec l'avant-dernier Gros ; mais comme tous ces Gros étaient destinés à occuper divers postes, à se soutenir mutuellement et surtout à protéger le Louvre espèce de fort (46) où le roi allait s'établir jusqu'à ce qu'on entrevît une heureuse réussite, ils durent nécessairement entrer à la suite les uns des autres.

Leur défilé dut sans doute aussi exiger un peu de temps, mais si l'on se rappelle qu'à l'arrivée du premier corps, Brissac, pour reconnaître Saint-Luc, avait eu besoin de diriger un flambeau vers son visage, quoique Saint-Luc fût son beau-frère et que récemment ils se fussent vus plusieurs fois (ci-apr. p. 49, note A), on sentira que ce temps n'avait pu être

---

(46) Le Louvre était entouré d'une muraille particulière garnie de tours, protégée par des fossés... Sa porte, au temps de l'Entrée, faisait face à Saint-Germain-l'Auxerrois et était précédée d'un pont-levis protégé aussi par des tours, etc. *Voir* les plans cités ci-apr. note F, n. 1; et Dulaure, iij, 67, 68, et iv, 442, 443.

assez long pour que, surtout avec un ciel sombre et pluvieux, la clarté se fût accrue au point que supposent les scènes représentées dans le tableau de Gérard. (47)

3. Ceci nous amène à parler des mêmes *scènes*, et divers documens vont nous montrer que la vérité historique n'y est pas mieux observée.

En premier lieu, on nous représente une foule immense (ci-dev., p. 6) d'assistans de divers états ou de divers sexes, des fonctionnaires en costume, des femmes parées et jusques à un ligueur..... et il n'y avait absolument personne que des guerriers, si l'on en excepte le Prévôt des marchands.

C'est ce qui résulte d'abord indirectement, soit des ouvrages déjà cités, soit de l'estampe de Jean Leclerc, représentant l'Entrée et où l'on ne voit pas un seul bourgeois, tandis que dans celle de l'évacuation des Espagnols, et surtout dans celle de la marche du roi vers Notre-Dame, on en voit un grand nombre (48).... Et ensuite formellement, de l'Abrégé du procès Châtel où l'on dit d'abord (mss. cité ci-dev. p. 18, note 29) que chacun était endormi, et ensuite (d. mss., f. 7) que le bruit de l'entrée du roi commença à se répandre, lorsque « la menue « populace se leva au matin pour aller à la messe ou « au travail ».

(47) V. d'ailleurs, quant au crépuscule, ci-apr. note H.
(48) Pour ces gravures, voy. note D, surtout p. 9 et 10.

En deuxième lieu, on y voit, nous l'avons dit, un ligueur exhorté par Saint-Luc à reconnaître le roi. Cette situation est sans doute fort piquante, mais, outre l'invraisemblance de placer ici un ligueur *haineux et farouche* (voy. ci-dev., p. 6), dont le premier soin eût été d'aller avertir et de tâcher de mettre en mouvement les gens de son parti, comme essayèrent de le faire quelques-uns de leurs chefs, dans le quartier de l'Université (49) lorsque tous les Gros se trouvaient dans la ville (50), Saint-Luc n'était plus à la Porte-Neuve. Il s'était rendu, en tournant la rue Saint-Thomas-du-Louvre, à la croix du Tiroir ou Trahoir, où il avait fait halte avec son Gros, et qui était placée au lieu où est à présent l'extrémité septentrionale de la rue de l'Arbre-Sec ; et il n'avait pas dû, assurément, quitter ce poste pour assister à l'entrée du Gros du roi. En effet, 1° plusieurs troupes de vingt-cinq, cinquante et même

(49) Plusieurs des Seize et entre autres, Hamilton, curé de Saint-Côme, prirent les armes dans le quartier des Mathurins, dans la rue de la Harpe, dans la rue Saint-Jacques et à la porte Saint-Jacques (carrefour actuel des rues Saint-Jacques, Saint-Hyacinthe et des Fossés-Saint-Jacques)... Ils tentèrent même d'élever une barricade vers la rue des Mathurins ; mais n'ayant pu réunir plus d'une douzaine de partisans, ils se dissipèrent bientôt. *Voir* Cayet, f. 340, 341.

(50) Cayet (f. 339, v°) dit même que c'était au moment où le roi était à Notre-Dame, c'est-à-dire quatre ou cinq heures après l'Entrée.

cent Espagnols étaient venues l'y reconnaître, et, quoiqu'elles se fussent aussitôt éloignées par diverses rues, il pouvait craindre qu'elles ne revinssent avec des renforts (il y avait plus de trois mille Espagnols (51) en garnison)... 2° il avait été bientôt obligé de détacher une partie de son Gros pour renforcer sur leur demande, le Gros de François de Belin et de Charles d'Humières, qui avaient marché du côté du pont Saint-Michel et du petit Châtelet. (52)

En troisième lieu, on y montre Bellegarde soulevant sa visière pour regarder Gabrielle, placée à une fenêtre du Louvre. Les partisans sévères des mœurs blâmèrent, en 1817, le choix d'un tel épisode. Castellan l'excusa, on l'a vu (p. 7), sur ce qu'on ne pouvait guère célébrer Henri sans célébrer Gabrielle. Il aurait pu appuyer cette assertion sur les observations suivantes : 1° peu de temps avant

(51) Cayet, f. 343; Annotateur de la 3ᵉ estampe de Leclerc. — Un ligueur (lettre citée ci-après, page 40, note 75), dit : près « de cinq mille hommes de garnison, tous bons et choisis...» mais peut-être y comprend-il les troupes françaises aux ordres de Brissac. (Sully, *sup.*, dit trois ou quatre mille.)

(52) Voyez ci-apr. note 59, p. 33, et pour tous les points de l'alinéa ci-dessus du texte, mss. 8778, f. 129, v°. — Saint-Luc, y est-il dit, ne poursuivit pas les troupes détachées d'Espagnols dont nous parlons dans le même alinéa... Cela se conçoit aisément vu la *faiblesse* de son Gros depuis le renfort envoyé à Belin, et vu qu'il pouvait être facilement coupé, comme on le remarquera note finale F, n. 5.

l'exposition du tableau, l'on jouait jusques dans les églises et pendant des cérémonies religieuses (nous l'avons entendu nous-même), les airs *Charmante Gabrielle* et *Vive le vert Galant*, qui rappellent, et ce double adultère, et ces désordres dont ont gémi tant d'admirateurs sincères de Henri IV (53); 2° on mettait encore entre les mains des enfans, un ouvrage où étaient énoncés et supputés avec une sorte de complaisance, les fruits des mêmes désordres (54), 3° (mais Castellan ignorait, selon toute apparence, ce fait peu connu) en 1599, toutes les cours supérieures de la capitale assistèrent en corps aux obsèques de Gabrielle, quoiqu'elle fût morte, toujours en état de double adultère. (55)

(53) Entre autres Bayle, mot Henri IV, notes B, BB et C... Il prétend plaisamment que si, lors de son premier exemple d'inconduite, Henri avait été puni comme Abeilard, il aurait pu égaler les César et les Alexandre.

(54) Voyez à ce sujet, note finale I, n. 1, 2 et 3.

(55) Regist. mss. de l'Hôtel-de-Ville, t. xv, f. 109. — Nous ne nous rappelons point d'avoir vu citer ce fait si étrange dans aucun historien... De Thou (*p.* 865, *lib.* 122, *ad ann.* 1599) se borne à dire que les seigneurs de la cour prirent le deuil (*cuncti proceres in aula lugubria sumpserunt*), ce qui ne doit point surprendre de la part de courtisans... Mais des magistrats des premiers tribunaux de France!.. Leur assistance fût-elle au moins exigée par le Roi ? Le procès-verbal se tait sur ce point, et peut-être De Thou, sachant qu'il avait fallu un ordre positif de Henri III, en 1582, pour faire assister les cours supérieures aux obsèques du cardinal de

Mais ce n'est pas sous ce point de vue que nous devons nous arrêter au même épisode. Nous ne le considérons que sous le rapport historique. Or, ni l'un ni l'autre des deux personnages ne pouvait y figurer. D'une part, Gabrielle n'était pas encore arrivée à Paris (56), et de l'autre, Bellegarde n'était point au lieu où Gérard place l'Entrée (près du pont des Arts). Il avait pris position avec le corps dont il était chef, entre le Louvre et Saint-Germain-l'Auxerrois. Ce poste est, il est vrai, assez rapproché du même lieu, mais Bellegarde ne devait pas penser à l'abandonner même temporairement, soit parce qu'il servait à lier, et le Gros posté à la croix du Tiroir, et celui qui marchait vers le Petit-Châtelet; soit parce qu'il assurait l'introduction dans le Louvre, espèce d'abri destiné au roi (voy. p. 22 et 26, *et ci-après note* F), devant la porte duquel était placé le corps de Bellegarde. (57)

En quatrième lieu, d'après des motifs de même

Birague, parce que, dit-il, cet honneur est réservé au roi, aux fils de France, au frère du roi et au connétable (*id. de vita sua*, lib. 2, in f., sup., p. 37), rougissait-il d'avoir en sa qualité de président ; participé à une semblable démarche.—*Voyez* d'ailleurs, des fragmens du même procès-verbal, et des remarques sur le double adultère, note finale I, n. 3 et 4.

(56) Comment a-t-on pu imaginer que le Roi, épris de Gabrielle jusqu'à la démence, l'aurait laissée au pouvoir de ses ennemis?

(57) Voir pour ces divers points, mss. 8778, f. 129, v°.

genre, Matignon ne pouvait jouer un rôle dans l'Entrée. Il avait en effet conduit son Gros, qui d'abord devait stationner dans la place (ou marché) aux Moutons, derrière Saint-Thomas-du-Louvre (58), jusques auprès du Gros de Saint-Luc, du côté de la croix du Tiroir, pour le soutenir s'il en était besoin, et probablement parce que Saint-Luc avait été obligé

(58) *In ovili foro*, dit De Thou, lib. 109, p. 429, an 1594. « Le Gros de M. le maréchal de Matignon... entra par après et devait faire halte en la place aux Moutons devant son Logis, mais voyant que M. de Saint-Luc était à la Croix du Tiroir, il s'avança pour le soustenir s'il en estait besoing, laissant un Gros (détachement) sous l'arche devant Saint-Thomas-du-Louvre. » Mss. 8778, f. 129, v°... *In Caii* (du quai) *arcu*, dit De Thou (supra), ce qui n'est point contradictoire, parce que l'arche ou arcade dont il s'agit pouvait être en même temps, et près de l'église de Saint-Thomas (depuis, Saint-Louis) du Louvre, et près du quai.

Le marché aux Moutons dont nous avons en vain cherché l'emplacement, soit dans les histoires, soit dans les anciens plans de Paris (v. d. note F, n. 1... *Mais* v. aussi id., n. 7), se tenait d'après La Mare (*Traité de la police*, ij, 500), au-delà du vieux Louvre, sur le bord de la rivière, proche... la tour du Bois »... Or la tour du Bois touchait précisément à la Porte-Neuve (*Dulaure*, iij, 348)... et d'ailleurs, l'hôtel de Matignon était aussi dans le voisinage de la même porte, sur le terrain dit de la Petite-Bretagne, et sans doute dans la rue de ce nom (Matignon). — *Conf. Jaillot*, t. 1, quart. du Pal.-Royal, p. 19, 20, 62 et 63. (*Voir*, au reste, pour ce premier emplacement du corps de Matignon, d. n. 7, de note F.)

On verra aussi (note M, n. 2 et 3) qu'il était utile de fixer avec précision ce même emplacement.

d'en détacher une partie pour renforcer le Gros de Belin et d'Humières (59) : nouvelle preuve que l'on craignait quelque attaque des Espagnols, du côté de la croix du Tiroir, et que ni Saint-Luc, ni Matignon, ni Bellegarde ne devaient être disposés à abandonner des postes si importans, pour assister à une cérémonie, pousser des cris de joie, faire des remontrances à des ligueurs, ou lancer des œillades à des belles.

En cinquième lieu, de semblables remarques s'appliquent à Montmorency, placé dans le tableau au nombre des seigneurs dont le roi est accompagné (voy. p. 6), puisque Montmorency commandait un des détachemens réunis pour former le Gros de Matignon, d'autant mieux que ce détachement étant un corps spécial (60), devait mieux connaître son chef particulier que le commandant de tout le Gros.

---

(59) « Le Gros de MM. de Belin et D'Humières (c'était le second; celui de Matignon n'était que le quatrième)... marchèrent au Pont Saint-Michel et Petit-Chastelet » (c'est-à-dire à la place du Petit-Pont... v. *ci-après note finale* F, *n.* 6) « et ayant donné avis à M. de Saint-Luc qu'ils étaient *faibles*, leur fit envoyer le régiment de M. de Marin pour renfort.» *Mss.* 8778, *f.* 129, recto et verso (voy. d'ailleurs, ci-devant, p. 29).

(60) La garnison de Senlis... Il y a quelque obscurité sur ce point dans l'anonyme (mss. 8778, f. 129, v°), mais De Thou (p. 429) dit formellement: *Præsidio Silvanectensi cui præerat Ludovicus Momorantius Bottavilla.*

Avant d'aller plus loin, observons, puisque l'occasion s'en présente, qu'à l'exception du roi, de Brissac, de Lhuillier, de Retz, de Sully (61) et des soldats, aucun des nombreux personnages mis en action dans le tableau n'auraient dû y figurer. (62)

En sixième lieu, nous apercevons sur la droite du tableau, plusieurs trompettes militaires, sonnant en tête du cortège et le dirigeant vers le Louvre (voy. ci-dev. p. 6)... D'après tout ce que nous avons observé, il est presque inutile d'ajouter qu'on n'avait pas pu employer ainsi des trompettes, puisque on eût par là averti, et les Espagnols, et les ligueurs, d'une entrée qu'on voulait leur cacher, et qu'il était si important de leur cacher.

En septième lieu, le groupe du guerrier et de ses deux fils, placé sur la gauche, n'y a pas mieux occupé ce point, puisque Néret, qu'on a voulu représenter, stationnait alors, on l'a vu (p. 22), à la

---

(61) Encore cela n'est-il pas très sûr pour Sully... *Voy.* ci-après, note J.

(62) Par exemple, Biron et Crillon... *Voy.* note K.
On ne peut, il faut aussi l'observer, concevoir des doutes sur l'intention qu'a eue Gérard de représenter tous les personnages dont nous parlons ici, ou plus loin, comme Langlois, Saint-Luc, Bellegarde, Gabrielle, Matignon, Montmorency, Sully, Crillon, Biron, Néret... parce que leurs noms sont indiqués au bas d'un croquis de leurs têtes, joint, soit au tableau, lors de l'exposition, soit aux gravures de ce chef-d'œuvre.

porte Saint-Honoré (63); or, cette porte était près de l'extrémité méridionale de la rue de Richelieu, c'est-à-dire à une trop grande distance pour que Néret, dont la présence était d'ailleurs si utile pour observer et contenir les habitans, eût pu venir dans les Gros dirigés par la Porte-Neuve, chercher et reconnaître ses deux fils, et les tirer, en quelque sorte, de leur poste avant le moment de l'Entrée.

En septième lieu, l'objet le plus important de la scène, la présentation des clefs faite au roi avec pompe, par le corps municipal en grand costume, ne peut pas mieux se justifier que les autres points, sous le rapport de la vérité historique... Mais il faut entrer ici dans quelques détails.

L'anonyme, auteur du récit de l'Entrée, et, d'après lui, De Thou (d. p. 429), disent formellement : l'un, que le roi fut reçu à la tête de son Gros (l'avant-dernier) par le Prévôt des marchands et les Echevins, ayant avec eux les archers de la ville, l'autre, qu'il était à la tête de ce Gros lorsque les Prévôt des marchands et Echevins, avec les compagnies bourgeoises, vinrent le saluer. (64)

---

(63) Cette erreur de Gérard a peut-être entraîné Castellan à en commettre une autre. Il dit en effet (*Moniteur*, 1817, p. 792, col. 1) que Néret « fit le service la nuit à la Porte-Neuve avec l'intention de la livrer au Roi. »

(64) C'est ainsi que Desfontaines (in-4°, t. XII, p. 140) traduit les mots *obvios habuit* (*rex*) de De Thou.

Ainsi, voilà Gérard justifié même pour la présentation des clefs, dont ces auteurs ne parlent point, parce qu'il a bien pu la supposer.

Mais l'anonyme, si instruit pour la distribution et la marche de tous les corps, dont il indique avec détails les chefs, les troupes diverses dont chacun était composé, leurs chefs particuliers, les rues par lesquelles ils se dirigèrent, etc., paraît l'avoir bien moins été pour d'autres circonstances; et en effet, aussitôt après l'indication précédente, il annonce que Vitry fut reçu par Langlois, à la porte Saint-Denis : voilà donc un des quatre Echevins qu'il aurait dû excepter...

Et la même observation s'applique à son copiste De Thou, puisqu'il répète ce que l'anonyme vient d'exposer de Langlois.

D'ailleurs, si ces deux auteurs méritent plus de confiance que tous autres pour tout ce qui est relatif à la marche des troupes, il en est autrement pour ce qui concerne les opérations du corps municipal, surtout lorsque ce corps les a constatées lui-même.

Or, voici ce qu'il énonce dans son procès-verbal (t. xiv, f. 1), dont nous vous lûmes des fragmens le 19 novembre 1828. (65)

---

(65) Registres mss. de la Société royale des Antiquaires, à cette date; Rapport de feu M. Alexandre Barbié-du-Bocage, son secrétaire, sur ses travaux de 1828 et 1829, inséré dans le tom. IX (p. lxj) de ses Mémoires... — Nous avions, on le

« L'an de grâce 1594, le mardi 22ᵉ jour de mars sur les cinq heures du matin, messieurs les preuost des marchans et escheuins de ceste ville de Paris desirans faire congnoistre au Roy, notre souuerain seigneur, l'obéissance que son peuple desiroit luy porter et continuer, luy feirent ouuerture des portes de ceste ville pour le recepuoir en ceste dicte ville et les aultres seigneurs de sa court, et pour cest effect, monsieur Lhuillier, preuost des marchans, assisté de monsieur le conte de Brissac (66), se trouuèrent à la Porte Neufue pour recepuoir sa majesté, et par icelle entra en ceste d. ville, et fut mené et conduit en son chasteau du Louure ; monsieur Langlois, l'un des escheuins (67), à la porte de Saint-Denis, et monsieur Neret aussy escheuin, à la porte Saint-Honoré : et furent les dictes

voit, fait usage de cette pièce importante, plusieurs années avant la publication (1835) du savant ouvrage de M. Capefigue, où (*t. VII, p.* 128 *à* 130) elle est aussi rapportée (sa leçon a plusieurs variantes ou omissions... Nous noterons les plus importantes).

(66) Ainsi le corps de ville fait du gouverneur un simple assistant de son propre chef!.. Ce singulier amour-propre est une preuve qu'il n'aurait point passé sous silence, si elle avait eu lieu, une cérémonie telle que la présentation des clefs, où le même chef jouait le principal rôle, et où le gouverneur ne pouvait remplir, comme on le voit en effet dans le tableau de Gérard, et comme nous l'observons plus loin (note N, n. 7), que le rôle de simple assistant.

(67) Le mot *étant* manque évidemment ici.

portes ouuertes sy secretement (combien qu'elles eussent été terracées les jours précédens) que l'armée de sa Majesté entra en ceste ville auparauant que la garnison espagnole qui y estoit lors en fût aduertye. — Et après que sa dicte M. eût séjournée par quelque peu de temps en son d. Chastel du Louure et *eu aduis de la bienueillance de tout son peuple* (68), il alla rendre grâces à Dieu, en l'église Nostre-Dame de Paris, accompagnée desd. sieurs Lhuillier, Langlois et Neret, estant les aultres escheuins en l'hostel de la dicte ville, pour *asseurer* (69) le reste du peuple. »

Est-il un seul passage de ce commencement du procès-verbal qui puisse s'accorder avec une présentation de clefs, faite au roi à son entrée à Paris, par tout le corps municipal en robes de cérémonie, comme on le voit dans le tableau (70)?.... La fin du

---

(68) Le passage imprimé en italique, est omis dans la leçon de M. C.

(69) Même leçon, il y a *rassurer*.

(70) On y distingue, soit d'après la couleur des robes, soit d'après les toques élevées en l'air, au moins une dizaine de membres de ce corps, entre autres le Prévôt des marchands, les Echevins et le Procureur du Roi, et nous verrons (note finale N, n. 3 et 4) que, de ces six officiers, il y en avait au moins deux et probablement trois, qui étant ligueurs, ou passant pour tels, n'auraient pas assisté à la cérémonie si elle avait eu lieu au moment de l'Entrée, car on se fût bien gardé de les instruire du projet de livrer la ville à Henri.

même acte achève de montrer l'erreur de Gérard, tout comme la méprise des deux auteurs ci-dessus, qui ont confondu et les temps et les lieux.

Mais, avant de transcrire cette fin, nous croyons devoir donner quelques détails sur ce qui est exposé avec brièveté dans le même procès-verbal, à la suite des passages que nous venons d'en rappeler, c'est-à-dire la cérémonie du *Te Deum*, et les acclamations et la joie des Parisiens pendant le reste de la journée. (71)

Le *Te Deum* fut chanté à Notre-Dame sur les neuf heures du matin (72). Le roi s'y rendit de son *chastel* du Louvre, accompagné de ses principaux officiers et d'une partie du corps municipal, et au milieu d'une foule immense de peuple. Il y fut reçu

---

C'est ici l'occasion d'indiquer, mais sans y insister, vu son peu d'importance, une faute contre le *costume*, consistant à avoir revêtu d'une robe rouge le Prévôt des marchands, ce qu'on ne pouvait faire que pour le Procureur du Roi (*voir* ci-après, p. 43).

(71) Au sujet de ces acclamations, etc. *Voyez* la note finale L.

(72) Selon l'historien du procès Châtel (mss. 9033, f. 7, v°) et Pierre Michel (p. 20), Henri sortit du Louvre pour se rendre à Notre-Dame sur les neuf ou dix heures du matin, mais Henri (lettre citée, p. 9, note 10) dit qu'il sortit sur les huit heures, et vu le temps que durent exiger la marche de son cortège, les discours du chef du chapitre et du Roi, nous avons pu présumer que c'était vers neuf heures, que le *Te Deum* fut chanté.

et harangué par le chef du chapitre en l'absence de l'évêque. (73)

A l'égard de la joie du peuple, elle était assez naturelle. Après plusieurs années de guerre civile, d'impôts accablans, de misère et même de famine sous le régime de la Ligue, survenait une révolution qui faisait espérer un état bien différent (74) et surtout qui était dégagée des malheurs privés presque inséparables de ces grandes commotions sociales. En effet, elle s'opérait, d'une part, sans aucun désordre, sans que personne eût essuyé le moindre pillage, le moindre préjudice (75); de l'autre, à-peu-près sans résistance,

(73) De Thou, p. 430; Cayet, f. 338; Procès Châtel, f. 8.

(74) A l'occasion du renouvellement de la trève (v. *ci-dev.* p. 15) prorogée vers le mois d'octobre 1593 jusques à la fin de décembre, De Thou (*p.* 387, *lib.* 107) cite le désir de changement qu'avaient déjà les Parisiens : *Plebe ad res novas inclinante, magnæ altercationes ob aucta vectigalia excitatæ, querelis convitia admista*, etc.

(75) Procès-verbal de l'Hôtel-de-ville; suprà; Cayet, f. 342, v°; Procès de Châtel, f. 12, v°; Premier annotateur de Jean Leclerc, etc.

Personne ne pouvait s'y attendre, vu les *habitudes* des guerriers de ce temps; aussi un ligueur du Midi se sert-il de ce motif pour révoquer en doute la nouvelle de l'Entrée du *Béarnais* lorsqu'elle se répandit dans la Guienne. C'est, écrit-il à un ministre de Philippe II, « un artifice des ennemis pour donner authorité et réputation à leurs affaires » (lettre dans M. Capefigue, vij, 203, d'après les archives de Simancas... N. B. Les dossiers cotés B, qu'il en cite, ont été portés et sont restés aux archives royales de France).

car deux ou trois légers mouvemens tentés par des ligueurs avaient été presque aussitôt réprimés (voy. p. 28, note 49)... En deuxième lieu, elle s'accomplissait aussi à-peu-près sans effusion de sang, puisqu'on cite à peine une trentaine de morts; encore ce nombre paraît-il exagéré et n'embrassait-il que des étrangers (76); et les chefs espagnols, déterminés sans doute par la considération que, privés désormais de l'appui si puissant du peuple, leurs troupes, quoique assez nombreuses (voy. p. 29) et fort aguerris, devenaient insuffisantes, avaient consenti à évacuer la ville dès le même jour (77).... En troisième lieu, elle s'accomplissait également sans crainte des réactions trop ordinaires en semblables circonstances; car le roi, en allant à Notre-Dame, faisait publier partout une amnistie, dont ne furent exceptés que les plus forcenés des ligueurs, encore ne furent-ils punis que d'un simple exil (78).... En quatrième

(76) Pour ce fait important, *voy.* note finale M, surtout n. 1 et 2.

(77) Mss. 8778, f. 130; De Thou, sup., p. 430; Cayet, f. 338 et 342; L'Etoile, p. 218; Pierre Michel, p. 22. — Selon ces deux derniers, l'évacuation se fit à trois heures; selon les premiers, ce fut après-dîner, ce qui s'accorde mieux avec le moment indiqué par le roi (lettre citée, p. 9, note 10), par D'Ibarra et par Feria (v. *M. Capefigue,* vij, 148 et 159), c'est-à-dire deux heures.

(78) Voy. Cayet, suprà; procès de Chastel, sup., et pour des détails sur les exilés, la note finale N.

lieu, elle faisait espérer une pacification de la France, vu l'influence qu'elle devait exercer et qu'elle exerça en effet sur les provinces (79)... Enfin, elle était conforme au vœu de la plus grande partie des Parisiens, car leur haine pour Henri s'était éteinte, surtout depuis sa conversion. (80)

Revenons à la *fin* annoncée du procès-verbal.

« Aussy furent enuoyés des mandemens à messieurs les conseillers de ville, pour eulx trouuer en l'hostel de lad. ville le lendemain, afin d'aller faire la reuerence au roy (voilà la salutation dont parle De Thou), dans la teneur ensuyuante. »

« Monsieur le Prestre, nous vous prions vous trouuer demain huict heures du matin à l'hostel de la ville pour nous accompagner à aller trouuer le roy pour lui fère la reuerence, vous priant ny vouloir

(79) Voy. Cayet, f. 356, 358, 369, 370, 411, 441, etc.; De Thou, lib. 109, sup., p. 435, 436; la lettre du ligueur citée ci-dessus, note 75... On disait, rapporte L'Etoile (p. 222) que le roi estant arrivé à Paris avoit trouvé au Louvre dans un coffre, toutes les clefs des villes de son royaume. »... *Ad receptæ*, dit De Thou, sup., *Lutetiæ famam, multæ urbes, præfectis auctoribus, aut ipsæ per se in regis potestatem concessere.*

(80) On avait fermé les portes de Paris pour les empêcher d'aller à Saint-Denis assister à son abjuration. *Fremente passim plebe*, dit De Thou (p. 376), *quæ mobili ad odium amoremque ingenio.. in regem favore inclinabat... ut quem nuper detestatus fuerat, in pectore, in ore et oculis gestare videretur.*

faillir. Faict au bureau de lad. ville, le vingt-deux mars 1594. Les preuost des marchans et escheuins de la ville de Paris. »(81)

On énonce alors que pareil mandement a été envoyé aux autres conseillers; on donne, soit le modèle d'un mandement semblable envoyé à tous les quarteniers, soit (toujours en date du vingt-deux mars) d'autres mandemens aux colonels de la milice bourgeoise, de continuer à faire faire la garde jour et nuit. Enfin, on passe au procès-verbal du jour suivant.

« Et le lendemain 23 dud. mois de mars, mesdicts sieurs les preuost des marchans et escheuins, greffier de la dicte ville, vestus de leurs robes demy parties (82) et M⁰ Guillaume Morin, exerçant l'office de procureur du roy de la dicte ville, vestu d'une robe d'escarlate, assisté de (ici les noms de divers

--

(81) Reg. mss. Hôt.-de-Ville, t. XIV, f. 2, v°... Dans la leçon de M. C. (sup., p. 130), 1° on substitue au précédent alinéa, ces deux lignes, « et furent envoyés mandemens pour faire la révérence au roy... » 2° on omet tout l'alinéa ci-dessus, pour donner tout de suite le texte du mandement adressé à un quartenier... Mais ces variantes sont de peu d'importance, et nous ne les citons qu'afin qu'on ne soit point surpris de ces différences entre sa leçon et la nôtre.

(82) C'est-à-dire de deux couleurs (écarlate et violet foncé) comme on le voit encore à Saint-Etienne-du-Mont, dans les deux grands tableaux votifs de Largillière, placés près du chœur.

conseillers et quarteniers, en ajoutant) assistés (les quarteniers) de leurs cinquanteniers, dixeniers, et d'un grand nombre de bourgeois, furent trouuer sad. Maj^{té} aud. Chastel du Louure, pour le remercier de la clémence et douceur de laquelle il auoit usé enuers ses subjects en ladicte réduction; pour luy presenter quelques confitures, dragées, hippocras et flambeaux de cire blanche; et pour ce faire lesd. sieurs preuost des marchans, escheuins, greffier, procureur du roy et aultres s'assemblèrent audict hostel de ville, et dud. hostel de ville partirent avec grand nombre d'archers allant deuant eulx » (voilà l'escorte dont parlent encore les mêmes auteurs); « puis les sergens estant deux à deux, le greffier, le procureur, et après lesdicts sieurs, les preuost des marchans, escheuins et aultres de ladicte ville et arriuérent aud. Chastel du Louure (83) et eurent aduis que sad. M^{té} n'estoit encore habillée, laquelle toutefois, aduertie de leur venue, les fit entrer dans son cabinet, où lesd. preuost et escheuins . . . . . se prosternèrent à genous. »

Ici l'on mentionne les remercîmens du prévôt et sa présentation des confitures, dragées, hippocras

---

(83) Tout ce passage, depuis les mots *et pour ce faire*, jusqu'au mot *Louure*, lignes 8 à 17, passage qui sert à dévoiler (lignes 12 et 13) une des erreurs commises par l'anonyme et par De Thou (v. p. 35, lig. 15 à 24, et p. 59, lig. 2 et 3), est omis dans la leçon de M. C. (t. 7, p. 171).

et flambeaux, et l'on ajoute ce que nous allons rapporter comme peignant l'humeur joviale de Henri IV. « (Il) les receut fort joyeusement, disant en ces mesmes mots : hier je reçus vos cœurs, aujourd'hui je reçois vos confitures. »

Nous croyons inutile d'insister davantage. Il est de toute évidence que, comme nous l'avons déjà observé (p. 39), l'anonyme et De Thou ont déplacé, et quant au lieu, et quant au temps, la cérémonie de salutation du 23 mars ; et qu'ils y ont ajouté, comme l'a fait Gérard, la présentation des clefs dont les procès-verbaux et délibérations de l'Hôtel-de-Ville ne disent pas un mot.

Il faut néanmoins aussi l'observer : un des meilleurs auteurs contemporains, Cayet (f. 337), dit qu'aussitôt que le roi fut entré, Brissac lui présenta une écharpe en échange de laquelle le roi donna la sienne à Brissac en le qualifiant de maréchal de France (voy. ci-dev., p. 23, note 40), et qu'ensuite Lhuillier présenta aussi au roy les clefs des portes de la ville. Ce dernier fait nous paraît absolument invraisemblable, parce que c'eût été une véritable dérision d'offrir les clefs de seize portes (Paris n'en avait pas moins (84) à cette époque) lorsqu'on n'en

---

(84) Dulaure (iij, 475-479) en indique les noms et la situation, en observant qu'elles étaient toutes fortifiées de tours, et munies de ponts-levis.

occupait qu'une seule ou tout au plus deux (85), et que, d'ailleurs, dans un pareil moment et avant qu'on pût savoir si les ennemis feraient de la résistance, comme ils le tentèrent en effet à la Bastille (86) et à la porte de Bussy (87), on devait penser à toute autre chose qu'à de semblables cérémonies. Toutefois, il ne serait pas impossible que, lors

(85) Il serait en effet possible qu'au moment de l'entrée par la Porte-Neuve, de l'avant-dernier corps où était le roi, on eût reçu avis de l'occupation de la Porte Saint-Honoré, mais à cause de la distance, cela ne l'était point pour la Porte Saint-Denis.

(86) A la nouvelle de l'entrée, De Bourg, commandant de cette forteresse, envoya des troupes dans les maisons voisines et surtout dans les moulins pour se munir de vivres, et il tira quelques coups de canon dans la rue Saint-Antoine, dont plusieurs personnes furent blessées; mais il se rendit au bout de cinq jours, et fut imité par le commandant de Vincennes. *Voy.* Cayet, f. 342, 343; De Thou, lib. 109, p. 430; Procès de Chastel, ou mss. 9033, f. 17 et 18.

Ceci nous a fait découvrir une nouvelle infidélité commise par l'abbé Lenglet-Dufresnoi dans la publication de ce manuscrit: la voici: *Texte du manuscrit.* Alors le sieur *de Bourg* qui n'estoit de l'entreprise de cette reddition ne voulut pas rendre la Bastille, etc.

Texte de Lenglet (Mém. de Condé, t. 6, part. 3, p. 156): Alors le sieur *Bussy-Leclerc* qui n'était pas *compris* dans cette reddition, ne voulut pas rendre la Bastille, etc.

(87) Le commandant espagnol de cette porte voulait s'y défendre. Il fallut un ordre de l'ambassadeur (Feria) pour le déterminer à évacuer la ville avec les autres. *De Thou*, d. p. 430.

de la présentation d'écharpe faite par Brissac, Lhuillier n'ait eu l'idée de présenter aussi la clef de la Porte-Neuve qui était sous sa main, et, en dernière analyse, Cayet ne donne point à entendre ni que Lhuillier fût venu avec sa robe de prévôt (elle aurait pu exciter des soupçons), ni surtout qu'il fût assisté du corps municipal.

Voilà Messieurs, ce que nous avions à vous dire sur l'évènement mémorable que Gérard a voulu retracer. Nous ne saurions trop le répéter : nous avons eu pour but unique d'empêcher que son tableau ne pût induire en erreur sur les faits importans qu'il rappelle (88). L'ayant revu en effet depuis que nous avons commencé nos recherches (89), nous avons été saisis d'une nouvelle admiration, et nous avons cherché à nous rappeler pour les répéter *in petto*, à-peu-près dans leurs termes, les passages où Castellan en fait le plus l'éloge, par exemple, les suivans : « Dans cette composition si vaste (le tableau a trente pieds sur dix-sept), tout est noble, ingénieux, expressif, intéressant... Elle appartient essentiellement à l'histoire ; c'est au temps à

---

(88) Voy. ci-dev. p. 8, note 8, et ci-apr. note O.

(89) Il est actuellement au Musée de Versailles. Il y en a aux Tuileries (Pavillon de Flore), une copie réduite d'environ dix pieds sur cinq pieds et demi, faite, dit-on, par Gérard lui-même, ou sous sa direction.

lui assigner sa place, et il en accroît de jour en jour la renommée. . . . » Et surtout le passage par lequel Castellan termine son article, et qui nous servira aussi à clore, en quelque sorte, notre Mémoire : « Cet ouvrage est un tableau magnifique, un véritable chef-d'œuvre; beau par le faire, beau par les pensées, par la chaleur, par les images, par le dessin, par le coloris... la France doit à jamais s'en faire honneur. »

NOTES FINALES.

(A) *Saint-Luc était-il le parlementaire de Brissac ?..*
Note renvoyée de p. 5, note 6.

Castellan se trompe lorsqu'il l'affirme (*ibid.*). François D'Epinay de Saint-Luc était royaliste et officier dans l'armée du Roi. Brissac, au contraire, était ligueur, et ligueur tellement prononcé (il avait appuyé le parti des *Seize,* agi pour le duc de Guise en 1588, lors des Barricades, etc... *De Thou, lib.* 90; *an* 1588, *t.* 4, p. 287; *Cayet,* f. 297) que les Espagnols, au mois de janvier précédent, l'avaient fait nommer gouverneur de Paris à la place du comte de Belin, dont ils se méfiaient, et qui en effet embrassa aussitôt le parti du Roi (il commandait, on l'a vu (p. 29), un des corps qui entrèrent dans Paris); Saint-Luc ne pouvait donc pas être le parlementaire de Brissac. Mais tous les deux s'occupèrent de concert de la réduction de Paris (on a aussi vu p. 23, et note 40, les motifs déterminans de Brissac). Dans ce but, ils eurent plusieurs entrevues à l'abbaye Saint-Antoine située hors de Paris (*Dulaure,* iij, 480), mais, afin d'écarter les soupçons, 1° ils supposèrent qu'il s'agissait d'une contestation à raison des droits de madame de Saint-Luc (Jeanne de Cossé), sœur de Brissac; 2° celui-ci, pour défendre ses intérêts contre sa sœur, menait avec lui un jurisconsulte choisi parmi les plus fougueux ligueurs, le fameux René Choppin.

Voilà ce que disent De Thou (*p.* 428, *lib.* 109) et Cayet (*iij,* 333, *f.* 334). Le duc de Feria (*Rapport à Philippe II,* cité ci-après note B, n. 1) assure au contraire que Saint-Luc et Brissac convinrent de tout dans une seule conférence...

Mais cette allégation tout-à-fait invraisemblable, est dictée évidemment comme les autres dont nous parlerons (même note B), par la crainte d'être accusé de peu de soins dans la surveillance dont il était chargé.... — *Voir* d'ailleurs quant à la confiance singulière qu'il avait en Brissac, même note B, n° 5, p. 51, et surtout L'Etoile, p. 211, 212.

(B) *Justification des Espagnols....* Note renvoyée de p. 14, note 15.

1. Selon les rapports faits le 28 mars, en langue espagnole, à Philippe II, par le duc de Feria, son ambassadeur, et par D. Diégo d'Ibarra, commandant de ses troupes à Paris, sur l'entrée de Henri IV, documens fort précieux dont nous devons la découverte et la traduction au zèle actif et éclairé d'un de nos plus savans historiens, M. Capefigue (*Histoire de la Réforme,* déjà citée, *tom.* 7, *p.* 140 à 161), ces fonctionnaires ne seraient pas tombés dans la sécurité et auraient au contraire montré beaucoup d'activité afin de prévenir un évènement si funeste pour la cause de la Ligue. D. Diégo d'Ibarra prétend, par exemple, avoir été sur pied toute la nuit et même jusqu'à quatre heures du matin, avoir sans cesse marché de la porte Saint-Honoré à la porte Saint-Antoine, et réciproquement, etc., etc.

2. Mais lorsqu'on examine avec soin ces rapports on reconnaît bientôt avec M. Capefigue (*ibid., p.* 166), qui cependant regarde D. Diégo comme exempt de tout reproche (*ibid., p.* 151, 152) et en fait de grands éloges (*t.* 7, *introduct., p.* x), que le Duc et le Commandant avaient un but unique, celui de se justifier auprès d'un maître soupçonneux et cruel... Il nous serait facile en effet de citer beaucoup de passages de leurs rapports d'où résulteraient une sécurité ou une négligence imprudente : nous nous bornerons,

pour ne pas trop nous écarter du but de notre Mémoire, à citer les suivans :

3. En premier lieu, selon Feria et d'Ibarra, pour faciliter l'entrée, Brissac avait dès la veille au matin, fait *déterrasser* la Porte-Neuve, et le Duc n'en avait été informé qu'à sept heures du soir quoique, dans la journée, et militaires et bourgeois eussent passé par cette porte, et que l'hôtel du Duc fût situé auprès de cette même porte... à quoi s'occupait-il donc?.. ensuite, comment dès sept heures du soir D'Ibarra et lui n'avaient-ils pas pris des mesures pour faire surveiller cette porte *déterrassée* ?...

4. En deuxième lieu, selon d'Ibarra, des militaires envoyés en reconnaissance sur la route de Saint-Denis, avaient été tués par l'armée royale en marche sur Paris... Mais, aurait-on pu lui dire : le plus ignorant caporal qui n'aurait pas vu revenir votre *Reconnaissance*, en aurait envoyé tout de suite une autre, et par ce moyen eût été informé de la marche de cette armée, et d'après d'autres documens (v. p. 24 et 25, *et note* 44), vous n'aviez envoyé personne puisque l'échevin Langlois, inquiet du retard de l'armée, sortit lui-même par la porte Saint-Denis et rentra toujours en proie à la même inquiétude.

5. En troisième lieu, tous les deux disent qu'ayant des soupçons sur Brissac à cause de mouvemens extérieurs de troupes dont le bruit courait, il les avait rassurés par cette observation : que le duc de Guise amenait de Sens (il y était un peu avant la prise de Paris, d'après un autre rapport fait alors... *Voy. M. Capefigue, ibid., p.* 137 *et* 140) deux cents chevaux de renfort par la route de Senlis, et qu'il avait envoyé au-devant de ce renfort et pour en faciliter l'introduction, deux régimens dont la marche aurait sans doute donné lieu aux bruits sur les mouvemens extérieurs... Mais ils auraient pu répondre à Brissac: On ne

passe point par la route de Senlis pour venir de Sens à Paris; d'autre part, l'armée royale est sur cette route; enfin il serait plus simple de faire venir ce renfort par la partie sud de Paris où nous avons des troupes (v. p. 46, note 87), etc.

6. En dernière analyse, on aurait pu dire à D. Diégo, vous condamnez vous-même votre conduite par cette réflexion finale de votre rapport (d. t. 7, p. 149): « Ce qui m'étonne le plus dans tout ceci, c'est que deux portes aient pu être livrées aux ennemis et qu'ils aient pu eux-mêmes s'introduire en si grand nombre dans la ville, sans qu'on entendît aucun retentissement d'armes, aucun tumulte et surtout sans qu'il se soit trouvé là aucun catholique armé. »

A quoi D. Diégo aurait dû ajouter : La chose est d'autant plus étonnante que l'hôtel de votre ambassadeur était auprès de la porte par laquelle sont entrés les cinq sixièmes de l'armée du prince de Béarn (seul titre donné à Henri IV, dans les rapports... quelquefois même on l'y nomme simplement *le Béarnais*).

(C) *Entrée indiquée à deux heures du matin...* Note renvoyée de p. 12, note 16.

1. Après le moment indiqué par l'historien du procès Chastel, ou onze heures du soir (v. d. p. 12), nous aurions pu placer, pour observer l'ordre des temps, une autre indication, celle de *deux heures du matin*, qu'on trouve dans l'ouvrage déjà cité (p. 9, note 10), de M. Capefigue (t. 7, p. 126). Si nous l'avons omise ce n'est point parce qu'elle a été faite par un auteur moderne, car, fondant presque tous ses récits sur des documens contemporains, M. C. pourrait bien être assimilé aux auteurs des temps auxquels se rapportent ces récits; mais uniquement parce qu'elle est, nous en sommes persuadés, la suite d'une pure inadvertance. En

effet, d'une part, il ne l'appuie sur aucune autorité, et de l'autre, parmi les documens auxquels il accorde beaucoup de confiance (et même beaucoup trop de confiance, du moins à notre avis... V. *ci-dev. p.* 50, *note* B, *n.* 2 *et suiv.*), il en est un, savoir le rapport de D. Diégo d'Ibarra, qui fixe l'entrée de Henri (*d. t.* 7, *p.* 144) à une heure différente de celle de M. C., c'est-à-dire, à quatre heures du matin.

2. En suivant aussi l'ordre des temps, nous aurions pu également placer après le moment indiqué par l'historien du procès Chastel, et même avant le moment que note M. C., une autre indication, celle de *minuit*, faite par Petitot, éditeur d'anciens documens (Collection de mémoires pour servir à l'histoire de France, 2ᵉ série) et par là méritant d'être citée, si elle n'était pas encore la suite d'une inadvertance. L'ouvrage, en effet, où on la trouve (ib., t. 1, p. 178) est en contradiction avec le mémoire auquel il sert d'*introduction*, c'est-à-dire avec les *Économies royales de Sully,* où, on l'a vu (p. 13), l'Entrée est fixée à environ cinq heures du matin.

(D) *Des trois estampes de Jean Leclerc, et du tableau soi-disant original de l'une de ces estampes.*. Renvoi de page 13, note 22.

1. « Elles sont, dit M. C. (t. 7, p. 131), dans la grande collection de la bibliothèque royale... » Nous ajouterons, 1° (pour en faciliter la recherche) qu'on les trouve au Cabinet des estampes, dans les portefeuilles de Fevret, année 1594;.... 2° qu'elles sont de Jean Leclerc, connu dès 1595 par une généalogie des rois de France, et non d'un Jean Leclerc indiqué par les biographes (Goigous, etc.) et né seulement en 1587 (lettre de M. Duchesne aîné, du 17 août 1839).

Toutes les trois ont été publiées le même jour, comme

cela résulte de leurs intitulés, puisqu'ils ne forment qu'une seule et même phrase. Les voici :

« 1re. Réduction de la ville de Paris sous l'obéissance du roy très chrétien et comme Sa Majesté y entra par la Porte Neufve le mardy 22 mars 1594... 2e Comme quoy le roy alla incontinent à Notre Dame rendre grace à Dieu de cette admirable réduction de la ville capitale de son royaulme.... 3e Comme Sa Majesté le mesme jour estant à la porte Saint-Denys, veid sortir hors de Paris les garnisons estrangères que le roy d'Espagne y entretenoit. »

2. « Ces gravures, dit M. C. (*ibid.*), furent publiées quelques jours après l'évènement »; d'où il conclut qu'elles devaient naturellement se ressentir des impressions de la victoire. »…. C'est une erreur... A la marge de la première on trouve d'abord une épître dédicatoire à Henri IV, où Leclerc lui dit : « Il y a *douze ans entiers* que cela est arrivé. » La publication est donc tout au plus, de l'année 1606.

3. A la suite de l'épître sont placés deux récits des évènemens du 22 mars; le dernier en latin, sans indication d'auteur ni de date, et le premier en français, avec les initiales G. M. D. R., et où l'on parle du Roy comme étant âgé de 45 ans et à la neuvième année de son règne...

M. C. (*ib.*, p. 127, 128) reproduit (il y a quelques omissions dans sa leçon) la dernière partie de ce récit, en plaçant en note son intitulé, sans aucune explication; d'où nous avions d'abord induit qu'il s'agissait de quelque opuscule publié en 1594, tandis que, on le voit, le récit a été rédigé seulement en 1598 (Henri IV était né en 1553, et régnait depuis 1589).

4. Bien qu'à raison des époques où les gravures et les récits furent faits, ils soient loin d'avoir l'importance qu'on leur a attribuée, ils méritent d'être consultés comme émanant d'auteurs contemporains.

C'est ce qu'a fait M. C.. « On y représente, dit-il (*p.* 131), Henri... armé de toutes pièces, la dague au côté... Il est entouré d'une mer de têtes pressées sous le casque... A droite et à gauche marchent en éclaireurs, de vieux arquebusiers, à l'œil farouche, au teint basané; ils font feu sur des habitans qui fuient ou se précipitent dans la rivière... »

Plus loin (p. 169), à l'occasion de la marche du roi à Notre-Dame (il en cite la gravure, p. 170), il le dépeint avec « un casque d'acier surmonté de quelques plumes flottantes.... Il portait, ajoute-t-il, sa cuirasse de guerre sur son coursier caparaçonné de fer, comme en un jour de bataille; ses gardes brisaient la foule silencieuse à son passage. »

Voici encore une occasion de faire quelques remarques.

5. En premier lieu, dans aucune des gravures, Henri n'a de casque; il porte un chapeau rond à plumes; sa figure est entièrement découverte.

6. En deuxième lieu, dans les deux premières gravures, il porte aussi, il est vrai, une cuirasse, mais sans brassards, gantelets, cuissards, etc.

7. En troisième lieu, son cheval n'est point caparaçonné de fer : une simple housse le couvre, et seulement dans une petite partie du corps.

8. En quatrième lieu, il n'y a qu'un seul arquebusier royaliste faisant feu, et nous n'avons pu distinguer, ni son visage, ni la couleur de son teint, ni, si l'on peut parler ainsi, la nature de son regard, même dans un exemplaire de la gravure où les ombres qui, dans un autre, couvrent les parties visibles de sa figure (les yeux, le nez, la lèvre supérieure), ont été effacées par le frottement.

9. En cinquième lieu, dans la gravure de l'Entrée on voit bien cinq individus dont l'un est déjà dans la Seine, un deuxième y tombe, un troisième et un quatrième sont assis et un cinquième combat contre un des soldats de Henri IV..

Mais tous les cinq sont des guerriers, et sans doute quelques-uns des lansquenets cités dans les deux récits. Ce qui le prouve, c'est que tous ont des bandoulières, et qu'à celles de deux d'entre eux, vus en partie de face, sont suspendus des Coffins ou boîtes servant à charger les arquebuses (les gibernes n'ont été adoptées qu'au xviie siècle... *Meyer*, Manuel de la technologie des armes à feu, traduction, 1837, p. 71), exactement de même forme que les Coffins des bandoulières des Espagnols représentés (on les reconnaît à leurs fraises) dans l'estampe de l'évacuation.

Les chapeaux de ceux-ci, il est vrai, sont plats, tandis que les chapeaux des lansquenets sont en pain de sucre, en un mot, ressemblent à des chapeaux de Pierrots; mais probablement la forme des chapeaux des Espagnols différait de celle des chapeaux des lansquenets; et enfin les chapeaux des lansquenets ne ressemblent point à ceux des bourgeois représentés dans la deuxième et la troisième estampes (il n'y en a point dans la première), lesquels sont, au contraire, semblables à nos chapeaux ronds actuels, si ce n'est que leur forme est moins haute et que la partie supérieure en est arrondie dans son pourtour.

N. B. On voit encore dans les estampes de Gaya (Traité des armes, 1678, p. 24) et de Mannesson-Mallet (Travaux de Mars, 1685, t. 3, p. 2), des fantassins avec des bandoulières où sont suspendus, 1. des Coffins de même genre, mais en plus grand nombre (une douzaine au lieu de cinq ou six), plus petits, et placés en partie sur le derrière du corps; 2. une bourse pour les balles... Ces Coffins étaient en bois (Meyer, sup. et p. 215) et fermés par un couvercle.

Ajoutons que les ban 'oulières des lansquenets (1re gravure) ont aussi des boucles semblables aux boucles des bandoulières des Espagnols (troisième gravure).

10. En 6e lieu, on ne voit nulle part les soldats de Henri

brisant la foule sur leur passage... Dans la 2ᵉ estampe, au contraire, c'est-à-dire dans celle où allant à Notre-Dame, ils marchent au milieu des bourgeois (dans la 3ᵉ, les bourgeois sont placés à des fenêtres), ils traînent leurs lances, disent Cayet (f. 338) et l'historien du procès Châtel (mss. 9033, f. 8), en signe de *victoire volontaire*.

11. En 7ᵉ lieu, le fait du *silence de la foule*, à l'appui duquel M. C. ne cite aucune autorité, et qui est d'ailleurs contredit formellement par le témoignage du Conseil de Ville (*ci-dev.* p. 39) et de plusieurs contemporains, comme Cayet (*f.* 338 *recto, et* 339 *v°*), Pierre Michel (*p.* 21), Sully (*ij*, 162) et L'Etoile (*p.* 217), ne résulte pas même des traits du burin peu habile de Leclerc, car on voit dans la même estampe, plusieurs des assistans ouvrant la bouche et étendant les mains.

12. D'ailleurs, d'après le récit explicatif imprimé en marge de la gravure, 1° si pendant la marche, beaucoup d'individus paraissaient éprouver de la surprise, beaucoup d'autres « s'approchaient du Roy avec plusieurs acclamations et signes d'allégresse... »

2° Lorsque l'amnistie fut connue (elle se publiait pendant cette marche et au moment de l'entrée du Roi à l'église) le parvis de Notre-Dame et les rues adjacentes furent remplies d'une multitude de gens, et les acclamations redoublèrent avec une espèce de frénésie. « La voix des chantres ne pouvait être entendue tant le bruit était grand qui procédait et des frappemens de mains et des crys d'allégresse qu'ils faisaient ; on n'oyoit partout retentir que Vive le Roy... » (L'historien du procès Châtel fait un récit semblable et presque dans les mêmes termes.... Mss. 9033, f. 11.)

13. Passons à présent au tableau :

Lorsque nous lûmes notre Mémoire à la Société des Antiquaires, deux ou trois de nos confrères (entre autres le savant M. L.) nous dirent qu'il y avait à la Bibliothèque de l'Arsenal un tableau fort ancien de l'Entrée, et nous retrouvâmes ensuite dans M. C. (*t.* 7, *p.* 131), cette indication, qui, à cause de sa brièveté et de sa position à la fin d'une note, nous avait échappé... «Ces gravures sont dans la grande collection de la Bibliothèque royale. La peinture originale qui en diffère peu est à l'Arsenal. »

Nous avons alors examiné cette peinture. Comme elle est dans le premier des deux cabinets, dits de Sully, on a été porté naturellement à penser et c'est même une opinion assez générale, qu'elle a été faite lorsque cet homme célèbre était logé à l'Arsenal en qualité de Grand-Maître de l'Artillerie, ce qui reporterait, il est vrai, le tableau, au plus tôt à 1601, année de la nomination de Sully, mais enfin n'empêcherait pas qu'on ne dût croire vrais, des faits retracés pour un homme qui assurément devait les bien connaître.

Mais un coup-d'œil attentif soit sur ce tableau, soit sur ceux qui décorent le cabinet où il est placé et le cabinet voisin, nous a démontré que les peintures des deux cabinets ont été faites au plus tôt vers 1643, lorsque Sully, depuis 30 ans au moins, avait quitté l'Arsenal (il se retira à Sully en février 1611... *Économ.*, xj, 318, 327). D'une part, on ne trouve dans ces peintures nombreuses de tout genre (allégories, sièges, portraits, décorations, arabesques, etc.), aucun signe relatif, soit à Sully, soit à sa famille, tandis qu'il y en a beaucoup qui concernent son successeur La Meilleraie, nommé Grand-Maître en 1634, grâce à la protection puissante de son cousin le cardinal de Richelieu... Par exemple, on voit, 1° à presque tous les panneaux du petit cabinet, et en dorures, le «Croissant-montant d'argent chargé d'hermines», marque distinctive de ses armes (*voy.*

Anselme, iv, 624); 2° dans les tableaux du plafond du grand cabinet, plusieurs fois la même marque répétée dans son écusson; 3° à deux des mêmes tableaux, des figures allégoriques portant des trophées où sont, en gros caractères, les noms des villes au siège desquelles il s'était distingué, comme Arras, Bapaume, La Bassée, Perpignan, Collioure, etc., et comme ces villes furent prises de 1640 à 1642, la décoration du cabinet doit, comme nous l'avons dit, être postérieure à cette année.

14. Les petits tableaux des panneaux, bien qu'on n'y voie pas de semblables signes, doivent être du même temps, parce qu'ils sont encastrés dans des moulures fixées à des boisages destinés à compléter la décoration du cabinet: moulures d'ailleurs qui, dans chaque boisage ont des ornemens identiques en formes et en couleurs (lacs, arabesques, etc., peints en or, en noir, etc.)... Enfin, tous ces petits tableaux sont dus évidemment au même pinceau, et surtout les deux vues de l'entrée de Henri IV, à Paris, et du siège de La Rochelle, qui, en outre, ont des dimensions égales dans les deux sens... et le choix de ces deux sujets s'explique sans peine lorsqu'on pense à la position de La Meilleraie. Petit-fils d'un apothicaire, et devant sa prodigieuse élévation à Richelieu, il était naturel qu'il fît retracer l'évènement, sur lequel le fameux cardinal avait fondé sa puissance (j'ai pris La Rochelle, disait-il, contre le gré de trois rois, ceux d'Angleterre, d'Espagne et de France); et ayant épousé une nièce de Brissac, il pouvait bien penser à cet autre évènement (l'entrée de Henri IV), source de la fortune de celui-ci.

15. Quoi qu'il en soit, ce dernier tableau ne peut être l'original de la 1re gravure de Jean Leclerc, 1° parce qu'elle a été faite, ainsi que cela y est énoncé, sur les dessins d'un nommé Bollery; 2° parce que le tableau en diffère dans

plusieurs points essentiels, entre autres, en ce qu'il fait recevoir hors de la Porte-Neuve, Henri, par le corps municipal en grand costume, tandis que dans la gravure, Henri est déjà en dedans de la porte et qu'on n'y représente que des guerriers, avec le massacre de quelques lansquenets.

Du reste, il suffira pour reconnaître cette différence et quelques autres, de jeter un coup-d'œil sur une gravure coloriée et assez exacte du tableau, faite de 1815 à 1817, par Giboy (le tableau n'est pas aussi facile à examiner, parce qu'il est placé dans un endroit assez obscur, et de plus couvert d'un grillage).

E. *Epoque de l'Entrée indiquée par L'Etoile.*. Note renvoyée de p. 14, note 23.

1. Nous n'avons point cité le moment indiqué (*sept heures du matin*) par L'Etoile, bien que ce soit un auteur contemporain (*Mémoires de Pierre de L'Estoile, tom. 1, part. 2, pag. 217, publiés par MM. Champollion, dans la Nouvelle collection des mémoires pour servir à l'histoire de France, 1837, gr. in-8°*) parce qu'il y a une erreur évidente et que cette fixation est en contradiction avec ce que l'auteur dit ensuite deux fois lui-même. « A la première nouvelle, observe-t-il (*ib.*, p. 218), qu'en reçut madame de Montpensier (sœur du duc de Mayenne), lorsqu'on vint lui dire *de bon matin* que le roi était dedans Paris »... et un peu plus loin, au sujet de la visite faite le jeudi 24 mars, par Henri IV, à la même, et à la duchesse de Nemours sa mère, après avoir rappelé cette réflexion de madame de Montpensier, qu'elle eût désiré que son frère eût abaissé le pont au Roi, pour entrer dans Paris, il rapporte cette réponse du Roi (*ib.*, p. 219): « Il m'eût fait possible attendre long-temps; je n'y fusse pas arrivé *si matin.* »

Assurément on ne peut dire le 22 mars, jour où le soleil

est levé dès six heures (6 heur. 2 minut., temps moyen... *Annuaire des Longit.* 1839), qu'un évènement survenu à sept, soit arrivé de *bon matin*, de *grand matin*... Cette indication a été évidemment écrite long-temps après l'évènement et d'après des souvenirs confus, car, selon l'observation des savans éditeurs (*Notice sur les manuscrits de Pierre de L'Estoile, même tom.* 1, *pag.* vj), le journal de Henri III est le *seul* travail réellement historique qui paraisse avoir été rédigé par L'Etoile, et notre observation vient à l'appui de la leur : d'autant plus que L'Etoile avait d'abord écrit *huict* (heures du matin), indication encore plus fautive que la précédente, et qu'il a effacée pour lui substituer le mot *sept* (Lettre de M. Aimé Champollion, du 18 août 1839)... Si la note avait été écrite le jour même ou le lendemain, il n'aurait pas ainsi hésité sur un fait de cette importance.

2. N. B. Dulaure après avoir (t. 3, page 405, citée ci-d. p. 15) fixé l'entrée des troupes à cinq heures du matin, recule (p. 404), sans doute d'après l'Etoile, celle du Roi à sept heures; mais, si les choses s'étaient ainsi passées, comment accueillait-il le conte absurde de l'hésitation de Henri dont nous parlons p. 17, note 28; surtout en faisant escorter ce monarque, de gardes et d'une nombreuse cavalerie ?....

(F) *Distribution des corps de troupes, lors de l'entrée dans Paris...* Note renvoyée de page 22, note 37.

1. Si l'on jette un coup-d'œil sur un plan de Paris et surtout un plan du seizième siècle, comme le grand plan exposé à la bibliothèque de l'Arsenal, ceux qui sont au Cabinet des estampes déjà cité (Portefeuille coté Va., 72), les plans annexés au Traité de la police de La Mare (1722, t. 1, p. 83 et suiv., surtout les cinquième et sixième, p. 94), ou même le petit plan joint au tome 3 de Dulaure, on sera

surpris de cette singulière disposition des troupes destinées à prendre la capitale. Sur sept ou huit corps, y compris les garnisons venant par la Seine, aucun n'est dirigé vers les quartiers méridionaux de cette ville (voy. *ci-après*, *n.* 4, p. 63), et trois seulement, le sont vers les quartiers du nord et de l'orient : l'un, pour occuper la porte Saint-Denis ; un autre, l'Arsenal ; un troisième, le petit Châtelet (voy. ci-apr., n. 6, p. 64). Les quatre ou cinq autres durent être concentrés ou dans le Louvre (corps commaudé par le roi et corps de réserve), ou aux alentours (corps pour la porte Saint-Honoré, pour la croix du Tiroir, pour la place aux Moutons, derrière Saint-Thomas (*d. note* 58), avec détachement devant la porte du Louvre), c'est-à-dire dans la douzième portion à peine, de l'emplacement de Paris ; en un mot, la plus grande partie de l'armée semblait avoir été destinée à protéger le roi qui voulait s'établir dans le Louvre comme dans une citadelle (v. p. 26 et 31), et à faciliter, en cas de revers, sa sortie par la Porte-Neuve (v. *ci-après*, n. 4, p. 63) par laquelle Henri III, six ans auparavant, s'était échappé (*De Thou*, lib. 90, ann. 1588, t. 4, p. 288 ; *premier annotat. de Leclerc*, cité p. 13, note 22 ; *L'Etoile*, p. 217).

2. Peut-être Henri IV n'avait-il pas beaucoup de confiance dans ceux qui trahissaient la Ligue en sa faveur, et craignait-il que les chefs de la Ligue ou des Espagnols, par des promesses plus avantageuses que les siennes, ne leur eussent fait changer de résolution. Sa surprise de sa réussite manifestée par divers mots rapportés par L'Etoile (*p.* 218.... Nous en avons déjà cité un, p. 43, note 43), vient à l'appui de cette conjecture. Je suis, dit-il, le jour de l'Entrée, pour toute réponse à des personnages qui lui donnaient des avis importans, « je suis si enivré d'aise de me voir où je suis que je ne sais (ce) que vous me dites, ni ce que je dois vous dire... Que veux-tu dire, demandait-il, pendant le

dîner, à une espèce de bouffon, de me voir ainsi à Paris comme j'y suis? — Je dis, sire, qu'on a rendu à César ce qui appartient à César... — Ventre-saint-gris, on ne m'a pas fait comme à César, car on ne me l'a pas rendu à moy; on me l'a bien vendu »... Si l'on pense à l'humeur joviale de Henri, cette réponse paraît très vraisemblable; mais il ne l'est guère, vu le peu de temps écoulé depuis son triomphe, qu'il l'ait faite, comme l'ajoute L'Etoile, en présence de ceux à qui il le devait, savoir « Brissac, le Prévost des Marchands et autres vendeurs qu'il appelait »... et il l'est encore moins qu'un des mêmes *vendeurs* (L'Huillier) se soit permis d'adresser une semblable remarque à un autre *vendeur* (Brissac) au moment de l'Entrée et en présence du Roi, comme le dit un des historiens dont nous parlons ci-après, note O, n. 2, p. 78.

3. Au reste, l'observation suivante, puisée dans l'autographe de la lettre déjà citée (*p.* 9, *note* 10) de Henri, donne assez à entendre combien il attachait d'importance à la possession du Louvre. « Les choses (ont été) si bien préparées tant de ma part que d'eulx, auec aussi l'interuention dudit sieur de Belin, qui y (à Paris) auoit encore beaucoup de crédit, *et le neueu duquel auoit le Louure à sa déuotion*, que ce matin au point du jour, l'on nous a rendus maîtres de la Porte-Neufue, de celle de Saint-Denys et dud. Louure... » (M. C, *t.* 7, *p.* 196, omet les mots imprimés en italique).»

4. Aucun Gros, nous l'avons dit (p. 62, *in pr.*) n'était dirigé contre les quartiers de Paris situés au midi de la Seine... La chose est d'autant plus surprenante qu'il y avait, dans ces quartiers, un grand nombre de ligueurs déterminés et un détachement assez considérable d'Espagnols (*voy.* p. 28 et 46, notes 49 et 87)... et néanmoins le Gros qu'on envoyait au pont Saint-Michel et au Petit-Châtelet (v. *ci-apr.* n. 6)

paraissait destiné, d'autant plus qu'étant trop faible, il fallut bientôt le renforcer (v. p. 29 et 33, note 59), paraissait destiné, disons-nous, plutôt à contenir ces quartiers qu'à les attaquer... mais peut-être, dans l'idée que l'objet le plus essentiel était de protéger l'asile du roi, ou le Louvre, n'employait-on ce Gros que comme une espèce d'avant-garde chargée de donner l'alerte et de soutenir le premier choc, sauf à se replier sur la partie la plus considérable de l'armée postée au Louvre ou aux environs (v. n. 1, p. 61 et 62).

5. Selon d'Ibarra et Feria, il est vrai, l'armée de Henri avait occupé comme par enchantement toutes les places et tous les postes principaux de la ville (voy. p. 145 et 154 des Rapports cités ci-dev. p. 50, note B)...

Voilà encore, on le pressent, surtout d'après ces mots *comme par enchantement*, une allégation destinée à justifier auprès de Philippe II (v. même note B, n. 2) la conduite de d'Ibarra et de Feria; mais elle est évidemment fausse. Il suffit en effet pour l'apprécier, 1° de se rappeler la distribution des Gros français, telle que nous venons de la résumer (v. aussi p. 20 à 22).. 2° d'observer que, des mêmes Gros, le plus rapproché du Gros de la porte Saint-Denis, c'est-à-dire le Gros posté à la Croix du Tiroir, en était encore éloigné de plus de six cents toises en ligne directe; espace bien suffisant pour que les Espagnols pussent agir et tâcher de le couper du Gros de la porte Saint-Honoré; et cette opération leur était facilitée par la position du même Gros, car la place du Tiroir, bien que plus large alors que le carrefour actuel (*Jaillot*, sup., quart. du Louvre, p. 9) ne devait pas l'être assez pour des déploiemens de troupes.

6. Le *Petit-Châtelet* dont nous avons parlé plusieurs fois (p. 22, 29, 31, 62 et 63) était un château-fort placé à l'extrémité méridionale du Petit-Pont, et traversé dans le bas, par un passage voûté qui servait de communication entre ce pont et la

rue Saint-Jacques. Ce château (il servait aussi de prison), a été démoli en 1782, et le terrain qu'il occupait, forme la place actuelle du Petit-Pont... *Voy*. Dulaure, t. 1, p. 398 à 400; t. 2, p. 371 et 447; t. 3, p. 483; t. 5, p. 536 et 548; t. 8, p. 85; surtout la planche (la deuxième de ce t. 8.... Dans la deuxième édition, elle est placée au t. 1er) représentant le Petit-Châtelet; La Tynna, Dictionn. des rues de Paris, 1816, p. 128, 458 et 459.

7. *Place aux Moutons*. La note 58 (ci-dev. p. 32) où nous annonçons que nous n'avions pu découvrir dans aucun historien de Paris, ni dans aucun des plans de cette ville, cités note F, n. 1, p. 61, l'emplacement du marché ou de la place aux Moutons, allait être mise sous presse, lorsque nous avons trouvé au Dépôt de la Guerre, Bureau des collections de cartes, la gravure d'un plan du seizième siècle, dit *Plan de tapisserie*, publiée en 1818, par M. de Maupercher.... Or, on y lit précisément au lieu que nous avions déterminé (même note 58) d'après diverses indications de La Mare et de Jaillot, c'est-à-dire, assez près et à l'orient de la Porte-Neuve, et à l'occident de Saint-Thomas-du-Louvre, on y lit, disons-nous, *R. des Moutons*... Voilà donc le même emplacement, c'est-à-dire, le poste où le Gros de Matignon avait dû d'abord s'établir (même note 58) fixé définitivement, car la lettre R (rue) mise dans la gravure, a pu facilement être substituée à la lettre P (place), soit par erreur du graveur, soit parce que ces lettres, lorsqu'elles sont initiales, se ressemblent assez dans les manuscrits du seizième siècle.

G. *Brissac nommé Maréchal de France... Prix de sa soumission...* Note renvoyée de p. 23, note 40.

1. Brissac n'avait assurément aucun droit à ce poste éminent par ses services militaires, car tout ce qu'a pu découvrir

le louangeur Moréri, c'est 1° qu'en 1582, il avait assisté à un combat naval contre l'Espagne; 2° qu'en 1593, il avait défendu Poitiers contre l'armée royale (*Moréri, mot Cossé, dernier article*)... Encore ce dernier exploit se réduisait-il à fort peu de chose, puisque le siège de Poitiers était un simple blocus, que les royalistes levèrent au bout de peu de temps lors de la trève (*De Thou*, p. 389, *lib.* 107) dont nous avons parlé (p. 15 et note 25), et Brissac se laissa-t-il chasser de Poitiers par un autre ligueur, le duc d'Elbeuf (*Cayet, iij*, 296). Aussi la duchesse de Montpensier, en apprenant l'Entrée du Roi à Paris (v. *p.* 60, *note* E), s'était-elle écriée que dès long-temps elle savait que Brissac était poltron, mais qu'elle ne le connaissait pour traître que dès ce jour (*L'Etoile*, p. 218).

2. *Prix de la soumission de Brissac.* Nous avons rapporté page 23, celui qu'indique Dulaure, parce que nous avions cherché sans succès, soit l'édition de Sully (1663) dont il cite le passage énonciatif de ce prix (t. 4, p. 379), soit le même passage, dans d'autres éditions (presque toutes diffèrent entre elles pour l'ordre des volumes, des chapitres et des pages). Le volume auquel renvoie Dulaure ayant été découvert depuis, parmi les ouvrages non catalogués de la Bibliothèque du roi, nous avons pu vérifier sa citation. Elle est exacte quant à la somme, mais il y a omis l'observation préliminaire où l'on désigne les *parties prenantes :* « Pour M. de « Brissac, la ville de Paris et autres particuliers employés « dans son traité, 1,695,400 livres.... » Ainsi, Brissac n'eut qu'une part du prix, mais on peut bien présumer qu'elle ne fut pas la moins considérable.

Ajoutons 1. que le total des prix de soumission et de *loyauté*, énoncés dans l'Etat de Sully (d. t. 4, ch. 50, p. 377-381), s'élève à 32 millions (150 à 200 de notre temps); 2. que cet état est aussi dans l'édit. de 1725 (t. 8, ch. 1, p. 118-123.

H. *Durée du crépuscule lors de l'Entrée...* Note renvoyée de p. 27, note 47 (voy. aussi p. 20, note 34.)

Le soleil étant levé à six heures le 22 mars (v. *p.* 61), on serait porté à penser, si l'on prend en considération la durée du crépuscule, qu'à cinq heures, la scène pouvait être aussi éclairée qu'elle l'est dans le tableau (v. *p.* 6) ; mais on reconnaît que cela est impossible lorsqu'on se rappelle que le temps était sombre et pluvieux, ce qui contribue singulièrement à diminuer la même durée. Voici ce que nous mande à ce sujet, un de nos géomètres les plus distingués (M. S., de l'Académie des Sciences) : « Le crépuscule du 6 mars est à-peu-près le plus court ou du moins l'un des plus courts de l'année. La durée qu'on lui attribue est à Paris d'environ 1h48 . C'est ce que l'on pourrait appeler sa durée *légale*, car elle sert, par exemple, de base, du moins je crois ne pas me tromper, à l'allumage des réverbères. Mais si l'on a besoin de savoir comment les choses se passent en réalité, si l'on ne veut pas se payer d'une réponse de convention, il faut ajouter, d'abord que la donnée d'après laquelle le calcul est établi, est une donnée incertaine, différente d'un auteur à un autre ; il faut ajouter ensuite que l'état variable du ciel a sur le phénomène du crépuscule, bien plus d'influence que l'abaissement régulier du soleil. Il pouvait y avoir bien plus de clarté au commencement du crépuscule de ce matin qu'à la fin du crépuscule d'hier. »

I. *Enfans naturels et maîtresses de Henri IV... Double adultère et Obsèques de Gabrielle...* Note renvoyée de p. 30, note 54, et de p. 31, note 55.

1. Dans beaucoup de collèges (par exemple au collège Royal-Dauphin, de Grenoble) et de pensions, on faisait étudier et réciter l'*Instruction sur l'histoire de France et ro-*

maine, par l'abbé Le Ragois, ouvrage qui a eu un grand nombre d'éditions et où on lisait (éditions de 1687, p. 155; de 1712, p. 197; de 1730, p. 205; de 1736, p. 194; de 1746, p. 157; de 1753, p. 195; de 1768, p. 160; de 1771, p. 180; de 1810, p. 151; etc., etc.), au chapitre de la vie de Henri IV, ces questions et réponses *instructives* :

Demande : Laissa-t-il des enfans ?

Réponse : Il n'en eut pas de Marguerite de Valois sa première femme... il en eut six de Marie de Médicis, sa seconde femme, savoir : Louis XIII. . . .

D. N'eut-il pas des enfans naturels ?

R. Il en reconnut onze, six de Gabrielle d'Estrées, deux d'Henriette de Balzac, un de Jacqueline de Bueil, et deux de Charlotte des Essarts. Il en eut plusieurs autres qu'il *ne put* ou ne voulut pas reconnaître.

2. Selon M. Cl. (note sur les éditions de Voltaire publiées 1° par les frères Delangle, 1825, *tome* 61, p. 549; et 2° par M. Beuchot, 1831, *tome* 45, p. 173), Gabrielle fut la quinzième maîtresse en titre de Henri, et Charlotte des Essarts la vingt-quatrième; et encore celle-ci ne fut-elle pas la dernière... Il ajoute qu'en 1820, on a élevé une statue à Gabrielle, et soutient que madame Dubarry eût beaucoup mieux mérité un tel honneur... Dulaure, page 500 de son tome 3, publié en 1821, se borne à blâmer, à cause de la conduite déréglée de Gabrielle, l'érection et surtout la destination de la statue (elle fut, dit-il, envoyée au département de l'Aisne, pour y figurer au rang des *illustres* du pays)... et, sans faire le compte des maîtresses de Henri, ni distinguer les titulaires ou non titulaires, il indique (pages 496 à 502) les noms de vingt-trois de ces femmes.

3. Si nous avons rappelé, et plus d'une fois, le double adultère de Gabrielle, c'est non-seulement à cause des honneurs étranges dont elle a été l'objet, mais parce qu'il était

un des moyens sur lesquels Sully (*Economies*, etc., 1725, t. 3, p. 327) insistait le plus pour détourner Henri d'épouser sa maîtresse (il parlait des dissensions qui s'éleveraient entre les enfans nés d'un simple adultère et les enfans légitimes d'un côté, et l'enfant déjà né d'un double adultère, qui serait pourtant l'aîné de tous).

4. A l'égard des *obsèques* de Gabrielle, voici quelques fragmens du procès-verbal de l'Hôtel-de-Ville (*t.* 15, f. 129 et 130), que nous citons, p. 31, note 55.

« Ordre et cérémonies tenues pour feu madame la duchesse de Beaufort. »

« .... Après son décès (9 avril 1599) et le même jour fut vue d'un chacun qui voulut y aller; estant en son lict... vestue d'un manteau de satin blanc... ledict lit de velours cramoisy rouge passementé d'or.... et autour d'icelle huict religieux chantant et psalmodiant sans intermission. »

On parle ensuite de son embaumement et de son effigie mise dans une salle d'honneur « où icelle fut vue l'espace de trois jours, servie aux heures de dîner et souper avec les façons de services observées... la table dressée par l'officier de panneterie... servie par les gentils-hommes... huissier, maître-d'hôtel... et bénite par son aumônier... »

Vingt-trois crieurs annoncèrent son service pour les 19 et 20 avril, par des proclamations ainsi conçues... « Priez Dieu pour très haute et très excellente dame madame Gabrielle d'Estrées... duchesse de Beaufort et d'Estampes, pair de France, marquise de Monceaux... pour l'âme de laquelle se feront les services... en l'église de Saint-Germain-l'Auxerrois... »

Le dernier service se fit le 20 avril... « toute l'église tendue de noir couvert d'armoiries.... soixante pauvres vêtus de robes de deuil... en haie dans la nef des deux côtés, portant chacun une torche. »

« La chapelle ardente au chœur... avec un nombre infini de cierges... La messe fut dicte par monseigneur l'évesque de Paris.... »

« Du côté de main droite entrant audit chœur étoient les princes, sieurs chevaliers des ordres et... parens. »

« De l'autre côté estoient MM. de la cour de Parlement, Chambre des Comptes, Maistres des Requestes et autres de la justice. »

J. *Sully était-il présent à l'Entrée ?*.. Note renvoyée de page 34, note 61.

Cela n'est pas très sûr, observons-nous (d. note). Sa présence en effet n'est attestée que dans ses Economies (*édit. de 1725, t. 2, p. 160*), et l'on sait que ses secrétaires, en composant cet ouvrage, ont cherché souvent à le flatter. Ainsi, dans cette occasion, ils ont supposé que Sully, chargé à Rouen, de la négociation si importante de la soumission de Villars et de la Normandie, avait quitté momentanément cette ville, était arrivé à Saint-Denis tout juste au moment de l'expédition de Paris, et était retourné à Rouen dès le lendemain (*ibid., p.* 153, 154, 160, 165). *Voyez* d'ailleurs ce que nous remarquons ci-après, note K, n. 1.

K. *Présence de Biron et de Crillon à l'Entrée...* Note renvoyée de page 34, note 62.

1. Ils n'auraient point dû y figurer, disons-nous (*ibid.*); et en effet, leurs noms, pas plus que celui de Sully, ne se trouvent dans aucun document ancien, bien que deux auteurs contemporains indiquent, l'un, « les noms (il y en a vingt-sept) de ceux qui conduisirent les troupes » (*premier annotateur de Leclerc*)... et l'autre, les noms, « des principaux seigneurs (il y en a trente) qui accompagnèrent le Roi... » (*Cayet, f.* 343, *v°*); et assurément ils n'eussent point

omis dans leurs listes, des personnages comme ceux-là, si en effet ils eussent fait partie de l'expédition ou du cortège, puisqu'ils y citent des individus tels que Marcilly et Du Rolet, dont Moréri n'a pas même daigné parler.

2. Il faut du reste, observer, en premier lieu, à l'égard de Biron, que le « François de Biron » dont parle De Thou dans le passage rapporté ci-dev. p. 20, note 33, n'est point le même que le fameux Maréchal (Charles était le prénom de celui-ci) et qu'il n'est pas même indiqué dans la généalogie de cette famille.... (v. *Moréri, mot Biron*).

3. En deuxième lieu, relativement à Crillon, qu'on ne le cite point comme ayant pris part à la guerre depuis quelques années (il ne reparaît sur la scène qu'en 1596, à l'occasion du siège de La Fère). Un de ses frères était même ligueur, comme nous le voyons dans une lettre écrite le 2 avril 1594, par Henri au duc de Nevers (*Mss. de Mesmes, t.* 16): « Toute la Normandie est... sous mon obéissance, excepté Honfleur et Tancarville tenus par le commandeur de Crillon, et Neufchatel par Fontaine-Martel, qui sont en même voie de s'y réduire, et quand ils s'y rendroient trop difficiles, leur condition seroit très mal asseurée et ne seroit besoing de persuasion envers ledit sieur de Villars pour en faire l'entreprise. » (Crillon se soumit en effet bientôt... *De Thou, lib.* 109, *p.* 435).

L. *Acclamations et joie des Parisiens après l'Entrée...*
Renvoi de page 39, note 71.

1. Ces acclamations et cette joie étaient alors naturelles; nous l'avons montré (texte et notes, pages 40 à 42), et elles sont d'ailleurs attestées par tous les documens contemporains déjà cités (v. *entre autres, p.* 57, *note* D, n. 11) si nous en exceptons les rapports de Feria et d'Ibarra, qui n'en parlent point (ils y étaient assez intéressés), mais qui ne disent rien de contraire. Il en est autrement de M. C... Selon lui (*t.* 7, *p.* 130),

le corps municipal « a cherché à déguiser les faits, à transformer en réception d'enthousiasme une trahison de nuit...»

La critique serait juste si, comme presque tous les auteurs dont nous parlons ci-après (note O, n. 2, p. 78) le corps municipal rapportait la joie et les acclamations au moment de l'Entrée, puisque, nous l'avons établi (p. 27), il n'y avait point d'assistans : mais il n'en fait mention pour la première fois, qu'à l'occasion de la marche du Roi vers Notre-Dame : « et par toutes les rues où sa Majesté passa tant en allant en ladicte église Notre-Dame (en laquelle fut chanté le cantique de *Te Deum laudamus*) que en revenant, tout le peuple ne feit que acclamations et applaudissemens de joie.... et le soir... furent faicts feus de joye en signe d'allégresse.... » Nous avons également établi (même n. 11 de note D, p. 57) qu'aucun document n'annonce que les Parisiens présens à cette marche du Roi, aient gardé le silence, comme le prétend M. C.).

2. On insistera peut-être en citant avec M. C. (*ib. p.* 166) divers faits isolés rapportés par L'Etoile (*p.* 217 et 219), tels que l'insulte tacite d'un individu qui garda son chapeau sur sa tête au passage de Henri; les propos d'un pâtissier, d'un maçon et d'un boucher, l'un, qualifiant l'arrivée du Roi et de son cortège, d'une entrée de chiens; les autres osant dire qu'ils tueraient le Roi...

Tout ce qui résulte de là, c'est qu'il y avait encore dans Paris, des ligueurs fanatiques, mais non pas que l'immense majorité des habitans partageât leurs opinions.

(M) *Nombre d'hommes tués lors de l'Entrée...* Renvoi de page 41, texte, et note 76.

1. Le roi s'est rendu maître de la ville sans perte d'aucun homme, dit l'auteur du récit de l'Entrée (mss. 8778, f. 129 v°, in f.) ... *Res de cætero citra sanguinem peracta*, observe

De Thou (*sup.*, *p.* 430, *ligne* 3)... Pierre Michel (p. 19) parle de quatre morts; Henri IV (lettre du 22 mars 1594, à Sourdis.. *mss. Colbert, t. xj, f.* 151), de trois ou quatre; L'Etoile (p. 217), de deux ou trois; et l'historien du procès Châtel (*mss.* 9033, déjà cité, f. 15 et 16), d'un seul dont il donne même le nom.

2. Au contraire, Cayet (f. 337) parle de 25 ou 30 lansquenets massacrés ou jetés dans la Seine par les troupes qui « s'acheminaient le long de l'école Saint-Germain », et qui par conséquent allaient au pont Saint-Michel; et De Thou (p. 429), sans s'apercevoir qu'il va se contredire, à moins qu'à l'exemple de Henri (même lettre à Sourdis) il n'ait point (par les mots *citra sanguinem*), entendu parler du sang des étrangers, reproduit ce fait, double le nombre d'hommes et attribue cette espèce de boucherie au corps de Matignon.

La relation de Cayet nous paraît plus vraisemblable, parce qu'il parle de lansquenets placés dans un corps-de-garde à la même école Saint-Germain (elle était au lieu connu aujourd'hui sous le nom de quai de l'École... v. n. 5, p. 74), et que nous n'entrevoyons point comment le corps de Matignon, suivant immédiatement le troisième corps et se dirigeant par la rue Saint-Thomas-du-Louvre, du côté de la croix du Tiroir (v. p. 31 à 33; note 58, p. 32; note F, n. 7, p. 65; ci-apr. p. 75, n. 6) aurait pu rencontrer un corps de lansquenets qui n'aurait pas été aperçu par les trois premiers corps, et surtout par le deuxième, qui se dirigeant vers le pont le plus voisin, c'est-à-dire, alors, le pont Saint-Michel (v. note 59, p. 33), était forcé de passer devant cette école Saint-Germain. Il est même probable que ce fut après son combat contre les lansquenets, que son chef envoya, comme on l'a vu (p. 29), demander des renforts à Saint-Luc, puisque cela devait lui faire craindre d'éprouver ailleurs de la résistance.

3. D'après la lettre de Henri au duc de Nevers, déjà citée (p. 9, note 10), on pourrait même croire que le massacre des lansquenets fut opéré par le premier Gros... « Quelque peu de lansquenets, dit il, qui auoient un corps-de-garde à la Porte Neufue, lesquels se sont fait tuer pour avoir tiré quelques coups à l'entreueue (à *l'entrevue* [à l'aspect des troupes du Roi], mot omis dans la leçon de M. C.) dont un des nostres est demeuré mort... »

Toutefois, comme la Porte-Neuve était près de l'hôtel de Feria (v. note B, n. 2 et 6, p. 50 et 51), et qu'il est impossible que, malgré toute sa sécurité, il n'eût pas été réveillé par la décharge des lansquenets, tandis que, faite vers le quai de l'Ecole ou à quatre ou cinq cents mètres, il aurait même pu ne pas l'entendre, nous persistons à penser que le massacre fut opéré par le Gros dirigé vers le pont Saint-Michel, et il suffit, pour accorder cette conjecture avec la lettre de Henri, que le secrétaire auquel on la dictait, ait mis *à la*, au lieu de *près de la* Porte-Neuve (le premier annotateur de Leclerc emploie ces derniers termes).

4. Dans tous les cas, ce massacre ne peut être attribué au corps de Matignon, et par là même, Matignon ne devait pas être représenté dans le tableau de Gérard comme proclamant son triomphe.

5. L'*Ecole Saint-Germain*, il faut aussi l'observer, était, comme nous l'avons dit (n. 2, p. 73), au lieu connu aujourd'hui sous le nom de *quai de l'Ecole*. Elle y est en effet indiquée dans des plans du seizième siècle, du portefeuille cité note F, n. 1, page 61; et, nous le voyons dans Piganiol (*Descript. de Paris*, 1765, ij, 273), le chapitre de Saint-Germain-l'Auxerrois l'y entretenait depuis le treizième siècle et en choisissait le maître (celui-ci recevait *chaque année* du chapitre, *une férule et des verges*, d'où l'on peut induire qu'il ne négligeait point l'usage de ce moyen d'instruction).

6. De cet emplacement de l'Ecole et par conséquent du corps-de-garde des lansquenets, nous avons aussi induit (d. n. 2) que le corps de Matignon n'avait pas pu les rencontrer. En effet, s'il était venu jusques à ce point, il ne se serait pas *avancé pour soutenir* le corps de Saint-Luc, comme on l'annonce dans le mss. cité note 58 (p. 32), il l'aurait presque tourné; tandis que, en suivant (v. d. n. 2) la rue Saint-Thomas-du-Louvre, où il laissa, d'ailleurs, une espèce d'arrière-garde (d. note 58), il venait réellement à l'appui du même corps.

N. *Des individus exilés après l'Entrée*... Renvoi de page 41, texte, et note 78 (voy. aussi p. 38, note 70).

1. Le 25 mars et les jours suivans on envoya des lettres d'exil ou d'invitation de quitter Paris, ou bien ce que L'Etoile (*p.* 220, 221) nomme des *billets*, et Pierre Michel (*p.* 27 à 29), des passeports.

2. Dans la Satire Ménippée (*édit. de* 1714, *ij*, 470 à 474), on donne, d'après les Mémoires de Nevers, une liste de cent quinze individus exilés, parmi lesquels sont neuf ou dix curés (la liste publiée par M. C, *t.* vij, *p.* 188, d'après les manuscrits de Brienne, n'en diffère que relativement à quelques noms omis ou mal écrits, comme Chassebran, commissaire, pour Chassebras, commissaire); mais le nombre paraît en avoir été bien plus considérable, car pour écrire ces noms on a laissé dans les registres de l'Hôtel-de-Ville (tome 14, f. 9 et suiv.) plus de quatorze pages in-folio en blanc, en attendant que le gouverneur (François d'O) en remît la liste, ce qu'il différa toujours de faire (Dulaure, t. 3, p. 407, porte ce nombre à cent cinquante, mais il ne cite aucune autorité).

3. Dans la liste de la Satire (*p.* 472) un des noms les plus remarquables est celui de Devaux (M. C., p. 189, écrit *de*

Vany), l'un des quatre Échevins. Dans la dernière assemblée en effet, où ils étaient désignés, celle du 28 novembre 1592 (d. Regist., t. 13, f. 397), on lit: « Lemoine, sieur Devaux, Martin Langlois, Denis Neret, Jean Pichonat », et au contraire, dans celle du 28 mars 1594 (*ibid.*, t. 14, f. 4), où d'O vint rétablir le corps municipal, on lit seulement les noms des trois derniers (le second est nommé « Martin Langlois, sieur de Changueuil et de Beaurepaire »), et il en est de même à la suivante, du 14 avril (*ibid.*, f. 18...). Il est donc clair que Devaux ne fut point appelé à la Réduction, et cela est également probable par rapport à Pichonat et au Procureur du Roi Morin, parce que leurs noms (et à plus forte raison celui de Devaux) ne sont indiqués par aucun des documens contemporains (par l'expression « les autres Échevins estant à l'Hôtel-de-Ville », on aura voulu désigner des conseillers.... ou peut-être voulait-on ménager des collègues et ne pas appeler sur eux des mesures de rigueur).

4. Michel se trompe, il est vrai, en annonçant (*p.* 28) que deux Échevins furent chassés de la ville le 26 mars, puisque, on vient de le voir, Pichonat, siégeait encore le 28 mars et le 14 avril; mais son assertion montre néanmoins que Pichonat passait pour être ligueur, ce qui suffisait bien pour qu'on lui cachât le projet de livrer Paris au Roi... et la même observation s'applique encore mieux à Morin, insigne ligueur, qui fut obligé de vendre sa charge, comme le dit L'Etoile (*p.* 220 *et* 221), et comme nous l'apprennent indirectement les procès-verbaux de l'Hôtel-de-Ville; car si Morin y est nommé comme présent à la cérémonie du 23 mars (*ci-dev. p.* 43) et à la séance du 28, on énonce à celle du 14 avril (*t.* 14, *f.* 4 *et* 18), qu'il vient de donner sa démission.

5. Nous avons indiqué (n. 3, p. 75 et 76) les noms des quatre Échevins de Paris. Il faudrait en ajouter un cinquième

(il n'y en a jamais eu que quatre) si l'on s'en rapportait à l'un des auteurs dont nous parlons ci-après note O, n. 2, p. 78, car il désigne comme ayant pris part aux mesures préalables de l'Entrée, « les Échevins Langlois, Néret et Beaurepaire »..
Il fait ainsi trois personnes de deux, car Langlois, on l'a vu (même n. 3, p. 76) était en même temps *sieur de Beaurepaire*.

6. Pigault-Lebrun commet une erreur plus grave. Il transporte ce nom de *Beaurepaire* (t. 8, p. 399 et 400) à Saint-Quentin, colonel des Wallons, faisant partie de la garnison espagnole, arrêté comme suspect avant l'Entrée, et mis en liberté aussitôt après, sur la demande du Roi... Pigault aura été trompé par Desfontaines. Celui-ci, en effet, dans sa traduction du président De Thou (xij, 136), nomme le colonel « Saint-Quentin, sieur de Beaurepaire », qualification qui n'est point dans De Thou (il dit simplement *Sanquintinus*, p. 428, 430), mais au moins ne supprime-t-il pas comme Pigault, le vrai nom Saint-Quentin, pour s'en tenir au faux nom Beaurepaire.

7. Un autre auteur (on en parle aussi même note O, n. 2, p. 78) n'est pas plus exact pour l'indication du poste de Langlois. Il le place à la Porte-Neuve et l'en fait sortir pour aller à la découverte (on a vu, p. 22, 24, 25 et 37, que Langlois était à la porte Saint-Denis)... Pigault, de son côté (p. 400), envoie Lhuillier à la porte Saint-Denis, poste véritable de Langlois, et ensuite, faisant présenter les clefs à Henri par Brissac (ce n'était point dans ses attributions), et par Lhuillier tout à-la-fois, sans nous dire comment Lhuillier, placé par lui à la porte Saint-Denis, pouvait se trouver à l'Entrée, il se plaint (p. 402) de ce que Brissac et Lhuillier « n'avaient pas admis Langlois à partager avec eux l'honneur de la présentation », ce qui précisément était impossible, vu le lieu où était posté cet Echevin.

8. Dulaure (t. 3, p. 404, 405) ne commet pas les mêmes fautes relativement aux postes confiés avant l'Entrée, soit à Lhuillier, soit aux deux Echevins, Langlois et Néret, qui concouraient à la *reddition* de Paris; seulement, faute d'avoir consulté les registres de l'Hôtel-de-Ville (v. ci-dev. p. 18, note 31), il nomme le dernier (d. p. 405), même à sa table (t. 7, p. 673), Méret, au lieu de Néret.

(O) *Ouvrages divers où sont des erreurs sur l'Entrée...*
Note renvoyée de p. 8, note 8.

1. Nous y avons indiqué (indépendamment de la notice de Castellan) trois ouvrages postérieurs au tableau de Gérard, et où l'on a commis des erreurs du même genre que les siennes...

En voici d'autres sur lesquels nous avons jeté un coup-d'œil depuis l'impression de cette note.

1° Histoire de France par Anquetil, 2e édition revue et corrigée en 1817, et réimprimée avec continuation par Gallais, en 1829, t. 6, p. 352. — 2° Article Henri IV, dans la Biographie Michaud, t. 20 (1817), p. 108. — 3° Introduction aux Economies de Sully, par Petitot, t. 1er (1820), p. 178 et suiv. de la Collection citée ci-dev. p. 53, n. 2... — 4° Histoire de France par Pigault-Lebrun, t. 8 (1828), p. 309... — 5° Autre, par M. H. M., t. 12 (1835), p. 306... — 6° Autre, par M. T. L., t. 2 (1838), p. 393... — 7° Autre, par M. S. P., t. 2 (1839), p. 456... — 8° 2e édit. d'Anquetil, continuée par M. L. M. D. M., 1839, t. 3, p. 528.... — 9° Description du musée de Versailles, par M. L. C., 1837, p. 203.

2. Nous disons *des erreurs...* C'est qu'il serait fastidieux de spécifier celles qui sont propres à chacun des mêmes ouvrages, ou de ceux indiqués à la note 8 (p. 8). Nous nous sommes borné à en citer quelques-unes, lorsqu'elles concernent des faits rapportés dans les passages de notre examen qui

n'étaient pas encore imprimés. *Voy.* p. 17, note 28 ; p. 35, note 63; p. 53, note C, n. 2; p. 61, note E, n. 2; p. 63, note F, n. 2; p. 66, note G, n. 2; p. 76, 77 et 78, note M, n° 5, 6, 7 et 8.

3. Il est juste d'ailleurs, de l'observer; la plupart des auteurs anciens que nous avons eu occasion de consulter, n'ont pas été pour l'entrée de Henri, plus exacts que les écrivains postérieurs au tableau de Gérard... Nous pouvons citer entre autres, Lenglet-Dufresnoy (Mém. de Condé... v. ci-d. p. 17, 18 et 46); Bury, Histoire de la vie de Henri IV (1765, in-4°, I, 399); et même Mézeray, quoique Boileau ait dit, (Art poétique, ch. 2, v. 79) de lui, mais peut-être pour la rime :

> Et que leur vers exact ainsi que Mézeray,
> Ait fait déjà tomber les remparts de Courtray.

Il suffira d'indiquer l'inexactitude suivante : Mézeray sépare (Abrégé chronologique, Amsterdam, 1674, t. 6, p. 113 et 114), comme l'ont fait depuis, et peut-être à son exemple, Bury et Dulaure (v. note E, n. 2, p. 61), Mézeray sépare, disons-nous, l'entrée des troupes, de celle du roi, et fixe cette dernière entrée au moment « où le roi sut que tout était paisible et que ses troupes étaient en bataille dans toutes les places et les grandes rues » (chose absolument fausse.. v. ci-dev. p. 64, n. 5), c'est à-dire à *dix heures* du matin (Dulaure, au moins, s'était restreint à *sept* heures).

FIN.

TABLE.

Examen historique du tableau de l'Entrée de Henri IV à Paris, avec des recherches sur cet événement mémorable 1
Notes finales 49
   A. Saint-Luc était-il le parlementaire de Brissac? . *id.*
   B. Justification des Espagnols. 50
   C. Entrée indiquée à deux heures du matin . . . 52
   D. Des trois estampes de Jean Leclerc et du tableau soi-disant original de l'une de ces estampes. . . 53
   E. Epoque de l'Entrée indiquée par L'Etoile et par Dulaure. 60
   F. Distribution des corps de troupes lors de l'Entrée dans Paris. 61
   G. Brissac, maréchal de France, et prix de sa soumission. 65
   H. Durée du crépuscule lors de l'Entrée. 67
   I. Enfans naturels et maîtresses de Henri IV.. Double adultère et obsèques de Gabrielle. . . . . . *id.*
   J. Sully était-il présent à l'Entrée? 70
   K. Présence de Biron et de Crillon à l'Entrée. . . *id.*
   L. Acclamations et joie des Parisiens après l'Entrée . 71
   M. Nombre d'hommes tués lors de l'Entrée. . . . 72
   N. Des individus exilés après l'Entrée 75
   O. Ouvrages divers où sont des erreurs sur l'Entrée. 78

www.ingramcontent.com/pod-product-compliance
Lightning Source LLC
Chambersburg PA
CBHW070313230526
45470CB00002B/863